U0142071

中國現代文學名家傳記叢書

欒梅健著

安那其的家園——巴金

陳信元
張堂錡 策劃

文史哲出版社印行

國家圖書館出版品預行編目資料

安那其的家園：巴金 / 欒梅健著. -- 初版. -- 臺北市：文史哲, 民 90
面: 公分. -- (中國現代文學名家傳記叢書；4)
參考書目：面
ISBN 957-549-342-7(平裝)

1. 巴金（李堯棠 1904- ）- 傳記 2.中國文學 - 傳記

782.886 90000229

中國現代文學名家傳記叢書 ④

陳信元・張堂錡策劃

安那其的家園：巴金

著　者：欒　梅　健
出版者：文史哲出版社
登記證字號：行政院新聞局版臺業字五三三七號
發行人：彭　正　雄
發行所：文史哲出版社
印刷者：文史哲出版社
臺北市羅斯福路一段七十二巷四號
郵政劃撥帳號：一六一八〇一七五
電話 886-2-23511028・傳眞 886-2-23965656
實價新臺幣二五〇元
中華民國九十年元月初版

ISBN 957-549-342-7

書系緣起

陳信元
張堂錡

法國詩人兼批評家聖伯甫（Sainte Beuve，1803-1860）曾說：「在批評學上，我覺得使人讀之生快感而增見聞的，最好是替偉大的作家生動而詳實的傳記。……鑽入作家的身心、懷抱，用各種方式使其活動，並觀察他的時代、習慣及生活，這樣，才算得上是個真正的批評家。」也就是說，一個批評家如果不能進入作家的心靈世界，與作家進行一種心領神會的交流，感知其情意，認知其思想，同時對其所處時代、社會、環境種種有深刻的理解，則很難能對作品有剖析精闢的評論。因此，要理解作品，應該先了解作家，而文學傳記正是我們理解作家的重要門徑之一。一部傑出的傳記，理應是融合了作家論、作品論、歷史論、鑑賞論、批評論、創作論等多種功能、技巧或條件於一身的產物。

一個優秀的傳記文學作家，應該是傳主的真正知己，能把傳主的整個人格呈現出來；一部優秀的傳記文學作品，除了文字引人入勝外，更要使傳記中人栩栩如生，散發出動人的力量，透射出豐富的智慧。這除了要靠資料搜羅求其完備的真實性講究之外，善於運用文學技巧進行剪裁、安排、刻劃的藝術性追求，也是不可或缺的基本條件。如果能找到許多位優秀的傳記文學作家，寫出一部部兼具可讀性、史料性、藝術性的傳記文學作品，我們相信對文學研究的深化、作品的廣為流傳，甚至於創作經驗的傳承、熱情的點燃，都將會是極具正面性的嘗試與貢獻。

這是我們的心願，也是我們長期關懷文學發展的理想追求。如今，這個心願與理想，透過《中國現代文學名家傳記叢書》的企劃推出，得到了彌足珍貴的落實。說「彌足珍貴」是真的，學術作品的出版一向不受主流市場的青睞，作家傳記雖然已較通俗可讀，但和那些政治人物、影劇明星內幕八卦的「傳記」轟動上市、旋即再版的「盛況」相比，文學作家傳記確實是有些寂寞，何況相關作家的傳記在市面上已有許多不同版本在流傳，我們能推出這套叢書，若不是文史哲出版社社長彭正雄先生不計成本的支持，以及對這套叢書的內容品質，撰稿群的學養功力深具信心，這個心願是很難達成的。

打開中國現代文學史，魯迅、巴金、郁達夫、曹禺、冰心、朱自清、錢鍾書、林語堂等一連串的名家，他們的人生際遇、生命抉擇、生活型態、創作追求，構築起一座座豐盈、迷人的心靈園林，讓後人流連；他們在時代變動中所發出的光與熱、情與意，也同樣令後人仰望、懷想。他們以自己的生命、作品、藝術理想，為逝去的二十世紀刻鏤下最深刻、也最華麗的印記。他們的傳記，既是二十世紀文學史的縮影，也是現代中國知識分子心路歷程的曲折呈現。認識這些作家，不僅認識了文學，也認識了現代中國，認識了自己。

這些現代文學名家的傳記，在撰稿者秉持設身處地、還原情境、正視後果、多面探掘等原則，並採宏觀與微觀兼具、大歷史與小歷史並重的寫作態度，篇幅不求其厚長，內容卻力求其豐實生動，人物刻劃力求其準確有度的要求下，如今已呈現在讀者的面前。我們澆灌現代文學園圃的用心深意，看來已有了纍纍碩實的成果。

值此世紀回眸之際，我們祈盼新世紀的作家身影不再寂寞，文學可以迎回另一個世紀的璀璨風華。從這個角度看，這套叢書，既是回顧，也是前瞻；既是總結，也是一個好的開始了。

感謝所有的撰稿者，以及為這套書奉獻過心力的朋友。

二〇〇一年元月序於臺北

安那其的家園——巴金

目次

第一章　溫馨和憂鬱的少爺生活

一、四川老家

一九〇四年十一月二十五日（農曆十月十九日），在四川成都正通順街內的一個官宦人家，誕生了一位日後成為中國現代偉大作家的男孩。他原名李堯棠，字芾甘，取自《詩經》中的《召南・甘棠》篇。詩云：「蔽芾甘棠，勿剪勿伐，召伯所茇。」傳說周代召伯南巡時曾在甘棠樹下憩息，老百姓念其德政，作歌叫大家不要把它砍掉。「芾甘」，是比喻小樹的意思。為官的父親為兒子起這個名字，是希望人民像擁戴召伯那樣喜愛他這個父母官和他的子女。堯棠小名升麐，又因在家族同輩男孩中排行第四，因而還稱其四弟或四哥。至於家喻戶曉的「巴金」這個名字，只是到一九二九年發表第一個中篇小說《滅亡》時才開始使用的筆名。

巴金原籍浙江嘉興。高祖李介菴外出山西，在山西馬氏教館當了十餘年的塾師，使馬氏子弟應試及第。後因馬氏的保荐，捐官入川，這才在四川成都定居下來。曾祖李轓，做過一任縣官，頗具文才，著有《醉墨山房僅存稿》。祖父李鏞，號皖雲，是李家基業的卓越創建人。他做過多年縣官，辭官後廣置田產，買下了成都正通順街那座五進三重堂的深院大宅，成爲遠近聞名的富戶。他也喜歡讀詩文，著有《秋棠山館詩抄》；娶妻湯氏，續弦濮氏，又討了兩個姨太太，共生有六子一女。眞是一個烝烝向榮、人丁興旺的大家族。

父親李道河，號子舟，祖父的長子。按理說，長房的特殊地位可以享有到別房所沒有的榮寵，然而，他的前程卻沒有二叔、三叔那樣的順利。二叔李道溥，清末舉人，後來留學日本，在早稻田大學學法律，回國後被授爲四品的官銜。三叔李道洋也留學日本，與李道溥在同一學校學習，回國後曾做過南充知縣。而李道河，由於在科舉上未獲功名，也沒有遠涉重洋喝點洋墨水，到了三十歲，還只是在成都附近的大足縣做個稱作典吏的小官，專管縣裡監獄和捉賊捕盜的事情。這使長房在諾大的李公館裡臉面無光，抬不起頭來。

一九〇四年，祖父李鏞花了一筆巨資，讓李道河以「過班知縣」的身份進京引見，以圖獲個一官半職。在清朝，官吏除去科舉一途外，還可由大員保舉或捐錢買官。李道河走的是後者，出錢由典吏升爲知縣，這叫「過班知縣」。過班知縣要到北京，先由大臣察看相貌狀態和履歷，再由皇帝當面驗審。儘管驗看、引見一度並不順利，然而最後終算成功，取得了擔任縣令的資格。這一年，正是巴金出生的時候。對於長年黯淡的長房來說，他的出世是不是給這一家庭帶來了一股喜氣呢？

當然，最爲開心的是巴金的母親陳淑芬。臨產前一天晚上，她夢見送子觀音來到她床前，微笑著將嬰兒交到她手中，說道：「這個娃娃本來是給你的弟媳婦的，但怕她不能好好待他，所以如今送給你。」這話是母親親口對家人說的，其眞實性似乎不容置疑，但細想起來，倒也帶有了幾份與他房妯娌別氣的意味。不過，母親對巴金的降臨是極其喜歡的——因爲，農曆十月十九日這一天，恰恰還正是她母親自己的生日呢！

二、第一位先生

母親陳淑芬出生於浙江一個山明水秀的縣城裡，與李家籍貫相同，十歲時，隨做官的父親一起來到四川。她曾隨兄弟一起讀過幾年私塾，能背誦不少的唐詩宋詞。而且，性情平和，爲人謙虛，識見不凡，具備了封建大家庭優秀女性所獨有的良好素質。

一八九六年，當她嫁到李家時，李公館曾爲這位長房媳婦進門連演了三天戲，整個成都正通順街都知道了李家這一喜事。果然，她不負衆望，第二年就給李家生了個足以傳宗接代的長房長孫，即巴金的大哥李堯枚。隔了六年，又生了巴金的三哥李堯林（本爲二哥，但按大家庭慣俗排行，俗稱三哥。）其間還有兩個姐姐李堯楨和李堯彩。巴金是她生的第五個孩子。儘管隔了五、六年以後，母親又生了兩個妹妹，在一九一四年去世前幾個月還生了一個弟弟，但因爲中間間隔較長，她最疼愛的還是小名升麐的巴金。至於那個弟弟李堯椽，由於與巴金相差近十歲，不僅沒有能享有到母親的溫暖，連巴金在作品和回憶錄中也很少提及。巴金念念不忘的是與他一起長大的大哥、三哥和兩個姐姐。

也許是爲了遵循送子觀音的囑咐，母親對巴金的珍愛是無法形容的。巴金出世後，就一直與母親同榻而眠，這是比他僅長一歲的三哥堯林所沒有享受到的待遇。直到巴金七歲時，二妹出世，他才與母親分房，與三哥堯林一起在保姆楊嫂的照料下同居一室。

幼年的巴金，相當膽小、文弱。四歲時過春節，家人忙著出去拜年訪友，他一個人躲在花園後面一個小天井裡燃著叫做「地老鼠」一類的花炮，一不小心竟然將自己的棉鞋燒著了。那時他自己不知道脫鞋，卻只顧哭著叫人，等到老媽子趕來時，右腳上已燒爛了一塊，以後又誤於庸醫，在床上躺著休養了二、三個月。巴金後來自己回憶說，他的身體不強壯，可能與這件事有些關係。還有一次，巴金到舅舅家拜年，途中遇到一條大黃狗追趕，巴金嚇得哇哇直哭，拼命奔跑。以後很多年中，巴金一直怕狗。這種膽怯、懦弱的性格，一方面來自於李公館嬌慣的少爺生活方式，另一方面也更多地形成於母親的寵愛與庇護之中。

一九〇九年，父親李道河出任四川廣元縣縣令，巴金與母親、大哥、三哥等人也一同前往。從那時開始，他隨兩個哥哥和兩個姐姐一起就讀於塾師劉先生。劉先生是位矮身材白面孔的中年人，臉上永遠帶著溫和的微笑。她教巴金讀《三字經》、《千字文》之類。儘管巴金也喜歡劉先生的教書，不過他對劉先生的繪畫則表現出更爲濃厚的興趣。劉先生送給他的幾十張圖畫，巴金一直作爲珍寶看待。

從私塾放學後，晚上母親用娟秀的小字抄寫《白香詞譜》，用溫柔的聲音教巴金認字。「多少恨，昨夜夢魂中，還似舊時遊上苑，車如流水馬如龍……」這類帶有傷感成份的古典詩詞，像一曲曲優美的音樂，輸入巴金幼小的心靈。當時的巴金並不能全部了解母親講解的內容，然而這種每晚不間斷的功課，卻是巴金初步接觸到文藝作品，並在心底裡留下了美好的回憶。

除了功課之外，母親還教巴金做人的道理。有一次，三哥堯林爲一點小事痛罵丫頭秀兒，並打了她幾下。母親知道後，對堯林和巴金說：「丫頭和女佣也都是和我們一樣的人，即使犯了錯誤也應該好好地對她們說，怎麼可以發少爺脾氣動輒打罵呢？」從母親身上，體現出一種寬容厚道的泛愛精神。巴金後來曾這樣說道：「她使我知道人間的溫暖，她使我知道愛與被愛的幸福，她常常用溫和的口氣對我解釋種種的事情，她教我愛一切，不管他們貧與富。她叫我去幫助那些困苦中需要扶助的人，她教我同情那些境遇不好的婢僕，憐恤他們，不要把自己看得比他們高……」①在童年巴金的感覺中，母親是他世界的中心，她不僅教給他書本上的知識，而且還促使了他人格的形成。因此提到母親，他總是滿懷著深情：

「我的第一個先生就是我的母親」②

三、「下人」中的少爺

李公館是一個龐大的家族，單是佣人、轎夫就有四、五十人。可能與母親所倡導的平等泛愛思想有關，巴金從小便喜愛與下人在一起玩耍，並從中獲取無窮的樂趣。這些被公子、小姐稱為「下人」的窮苦百姓，在幼小的巴金眼中卻是一個個帶有幻想色彩的神奇人物。

他最崇拜的是楊嫂。

楊嫂是個二十多歲的寡婦，在成都時就在李家做佣人，後來李道河到廣元縣赴任時，她也一起到了廣元縣。巴金記憶中的楊嫂，高身材，大眼睛，小腳，很愛乾淨，總是將房間打掃得乾乾淨淨。七歲時，二妹出世，巴金便離開母親與堯林同睡在一起；房間還有一張床，那是保姆楊嫂陪伴他們兄弟兩人睡覺的。

巴金怎麼也不明白，一向勤快的楊嫂為什麼肚子裡會有那麼多的故事？她向巴金講神仙、劍俠、妖精、公子、小姐的故事，每個故事都是那樣變幻莫測，引人入勝。巴金總是纏住她，講了一個又一個，講了一篇又一篇。他百聽不厭，而楊嫂也每每總是有求必應。這每晚床上的聽故事，成了巴金從母親房裡讀詩詞回來後的餘興節目。隔了多少年後，巴金還這樣說道：「她記得許多神仙和妖精的故事」，「平時她待我們非常溫和。除了母親以外我們就愛她。」

③

大約過了一年的光景，楊嫂病了。生的是一種醫生也說不清楚的瘋病。她吃虱子，咬裹腳布，邊吃邊笑，有時還會發出令人恐怖的怪叫，鬧得整個衙門大院不得安寧。一天傍晚，被疾病折磨了幾個月的楊嫂死了，大家都舒了一口氣，慶幸衙門大院內總算又可以復歸平靜。然而只有小小的巴金推開飯碗，伏在桌上哇哇地大哭起來。父親有些不明白：這個小孩爲什麼對一個保姆如此有感情呢？

讓巴金魂牽夢繞的，還有一個轎夫老周。

老周是一個年老瘦弱的驕夫，有著許多雖然痛苦但卻半富的經歷。他年輕時參過軍，在西藏吃過「蠻子」的肉，老婆跟了一個據稱與他患難與共的朋友跑了，唯一的兒子也因爲當兵戰死在沙場。他忍受著社會給予他的種種痛苦，然而無怨無悔，用自己堅定的信仰忠實地生活著。他常常對幼小的巴金說：「要好好地做人，對人要眞實，不管別人待我怎樣，自己總不要走錯腳步。自己不要騙人，不要虧負人，不要佔別人的便宜……」巴金望著他黑瘦的臉、陷落的眼睛和破爛的衣衫，心中禁不住想著：是什麼力量使他到了如此的境地還能說出這樣的話來？

當然最使巴金著迷的還是老周講的故事。由於老周走南闖北，有著一般人所沒有的經歷，因而，他的故事總是新鮮動聽，多姿多彩。一有空，巴金總是悄悄地來到那間陰暗、潮濕、污穢的馬房裡，纏著老周問這問那。有時老周在灶房吃飯，巴金也擠在旁邊，邊看燒飯邊聽故事。有時甚至「少爺」還親自動起手來，拿著火鉗將柴草不斷地往爐洞裡塞，結果卻將火弄熄了。老周並不怪他，將火鉗從巴金的手中接了過來，在爐洞中通了幾下，火又旺了起來。他滿臉得意且又意味深長地對巴金說：「你記住，火要空心，人要忠心。」

巴金對老周的感情是強烈而持久的。在幾十年以後回顧自己的人生歷程時，還將他親切地稱爲人生道路上的「第二位先生」。這似乎不像一個官宦大家庭少爺的所爲，然而，年幼的巴金確是實實在在地這樣做了。

四、無邊的泛愛

童年的巴金，生活在無憂無慮的愛的海洋之中。他在一篇回憶錄散文《憶》中這樣寫道：

「我們愛那夜晚在花園上面天空裡照耀的星群，我們愛春天裡在桃柳枝上鳴叫的小鳥，我們愛那從樹梢灑到草地上面來的日光，我們愛那使水面出現明亮珠子的太陽。我們愛一隻貓，一隻小鳥。我們愛一切人。」這是巴金在李公館那特定的環境中形成的泛愛思想，他用這個來觀察與評價他四周的一切。

然而，他略一觀察便發現並不是每一個人或每一種生物都能享受到愛的權利。他的童年泛愛思想充滿了困惑與迷惘。

有一次，年幼的巴金正從書房出來，迎面碰上丫頭香兒。她氣喘吁吁，漲紅著臉：「少爺！太太正喊廚師何師傅殺鷄呢……」「哪個鷄？爲什麼要殺？」巴金也緊張起來。「大花鷄，就是那隻你最喜歡的大花鷄！」香兒答道。

「啊！」巴金頓覺天旋地轉，急忙忙往母親房裡跑。他喜歡鷄，常常趕著鷄出去玩耍，並給它們起了各式各樣的名字，什麼大花鷄啦，麻花鷄啦，烏骨鷄啦，從來沒有想到要把它們殺掉。「媽媽，爲什麼要殺鷄？我不許把那隻大花鷄殺了！」他撲在母親身上，要求著。

「傻孩子！鷄本來就是長大了殺給人吃的。」

「我不要嘛！我不要嘛！」

「好！好！你去叫何師傅將大花鷄放了。」母親拗不過愛子的請求，只好答應了。

可是，當巴金來到廚房間時，那隻活蹦鮮跳的可愛的大花鷄已經倒在血泊中了。他默默無語，噙著眼淚，第一次體會到可怕的死亡陰影。

不僅對動物，幼小的巴金對人世間的種種不平等也感到奇怪與納悶。

父親是廣元縣縣令，巴金常常喜歡跑到二堂上，站在公案旁邊看父親審案。

平時一向慈愛的父親，這時穿著奇怪的衣服，繃著臉，一聲不吭，犯人則跪在下面。忽然父親的臉色變了，斷然喝道：「這個混帳小子不肯實招，給我先打一百下小板子！」於是衙役把犯人按倒在地，脫下褲子，露出白白的屁股。「十、二十、三十……」隨著衙役板子一下一下地打下去，犯人的屁股不久便皮開肉綻。

「混帳小子，還招不招？」

「青天大老爺，小人實在沒有犯錯啊！」

「還敢嘴硬！不招，再給我打！」

不久，犯人終於承受不住說出了實情，或者實在懼怕板子的厲害而屈打成招。最後，犯人還要向縣老爺三跪九叩，高呼「謝恩」，於是退堂。

幼年的巴金百思不得其解：為什麼被人打了板子，還要跪下來向人謝恩呢？這難道是這個社會上所允許的嗎？這個念頭一直盤旋在他的腦間，他看著退堂後回來的父親，竟然是這樣的陌生！

還有母親，有時也讓他不可理解。有一次，二妹出痘子，奶媽違背了中醫的囑咐，給她偷偷地吃了生拌黃瓜。母親發覺後，派人把她拉到堂前夜審，在她背上狠狠地打了二十下，第二天又將她辭退了。一向溫和的母親，怎麼也會打人？她不是教導我們要尊重所有的人，不能隨意打罵嗎？

作爲少爺的巴金一方面沉浸在愛的海洋中，同時另一方面又對越來越多的問題不能理解。至此讀者不難發現，巴金的性格逐漸萌芽、形成了。在這裡，人們起碼可以發現他日後信奉的安那其主義（即無政府主義思想）的根苗。

五、家庭變故

一九一一年，辛亥革命爆發，四川總督趙爾丰被殺，成都宣布獨立。父親李道河辭去了廣元縣縣令的職務，帶領全家重新回到了成都。

辛亥革命對李公館的影響並不大。二叔李道溥是中國第一批留日的法科學生，回國後受命爲四品的官銜，現在革命一來，仕途儘管斷送了，但所學的法律卻派上了用場，在成都開了一家律師事務所。三叔李道洋對滿清皇朝的垮台有些悲哀，給自己取了個「亡國大夫」的稱號，但不久也自己取消了。父親李道河比較實際，急忙到街上買了一塊白布做新朝的國旗。

巴金見他拿一大塊白洋布攤在方桌上面，先用一個極大的碗，把墨汁塗了碗口，印了一個大圓形在布上；然後用一個小杯子在大圓形的周圍印了十八個小圈，代表當時的十八個省，這樣新國旗便做完了。巴金覺得這做國旗的事很好玩，而且，李公館的男人都剪掉了辮子，也使巴金感到有些稀奇與滑稽。

接著不久成都發生兵變，巴金隨母親一起到外祖母家避難，但由於把守嚴密，李公館並沒遭大難。他還是繼續讀書，聽故事，過著無憂無慮的少爺生活。有時父親還帶他到外面劇場去看川劇、京劇，培養出對戲劇的特殊愛好。有一陣子還在公館內組織新劇團，演出父親編劇的《知事現形記》。

眞正使巴金生活出現挫折與磨難的，是一九一四年母親的去世。

母親陳淑芬的身體本來不錯，但自嫁到李家後，總共生了九個孩子，幾乎有一半的時間是在懷孕中渡過的。一九一三年，當她生下巴金的弟弟堯椽時，身體狀況明顯變壞。到一九一四年夏天，她已病得無力起床了。臨死前幾天，她叫堯枚到親戚處借金手鐲，準備他訂婚用。她死前一天，巴金最後一次見到她時，那一對黯淡的大眼睛充滿愛憐地看著這個與她同一天生日的兒子。巴金知道母親病中異常痛苦，爲不能減輕她的痛苦而深深地憂傷。第二天早晨醒來時，這位被巴金稱爲人生道路上第一位先生的母親，終於撇下愛子，撒手西去了。

這一年，巴金十一歲。他在母親的棺前放聲痛哭，他不知道，沒有了母親的孩子應該如何地生活呢？

第二年，父親便娶鄧景蘧爲繼室。巴金說：「這位新母親待我們也很好，但是她並不能夠醫好我心上的那個傷痕。她不能像死去的母親那樣愛我，我也不能像愛亡母那樣地愛她。」④畢竟，與巴金整整生活了十一年的生母，不是什麼人都不能替代的。

爲了排遣心中的鬱悶，巴金開始閱讀大量的中外小說。《水滸傳》、《彭公案》、《施公案》、《紅樓夢》，以及外國的《東歐女豪傑》、《蘇菲亞傳》等，都引起他濃厚的興趣。他也繼續在私塾中學習古典文學，背誦《古文觀止》，並特別喜歡《桃花源記》、《祭十二郎文》、《赤壁賦》等。

但沒多少，這種平靜的日子又被打破了——這便是他父親的病故。

父親的身體一向是強壯的，在娶鄧氏後還生了一個女兒瑞珏和一個遺腹子堯集。但在一九一七年春天成都發生巷戰之後，李公館流行了可怕的白喉，巴金和堯林也曾感染上，但因醫治及時很快便痊癒了。而父親卻倒下了。從發病到去世，不過幾天的時間。臨死時，巴金和二位哥哥、繼母都守在旁邊，無可奈何地看著父親慢慢地停止了呼吸。巴金忽然覺得全身沒有了依靠，失魂落魄地站在那裡。大哥說：「堯林、堯棠，從今後我們沒有父親了！」

這時巴金十四歲，距母親去世僅三年的時間。往後的日子該如何過呢？誰能挑起李公館長房的重擔？大哥沒有把握，少年的巴金更沒有把握。

【註　釋】

① 巴金：《我的幾個先生》。
② 同註①。
③ 巴金：《最初的回憶》。
④ 巴金：《家庭的環境》。

第二章　「我是五四的兒子」

一、真實的謊言

巴金曾這樣回憶父親去世後家庭的情況：「父親的死使我們懂得了更多的事情，我的眼睛好像突然睜開了，我更看清楚了我們這個富裕的大家庭的面目。這個富裕的大家庭變成了一個專制的大王國。在和平的、友愛的表面下我看見了仇恨的傾軋和鬥爭，同時在我的渴望自由發展的青年的精神上，壓迫像沉重的石塊重重地壓著。」①在父親去世後，巴金發現了這個大家庭的內幕，知道了隱藏在溫情脈脈面紗下的眞實面目。

父親去世後，在祖父李鏞的主持下分過一次家。作爲長房的巴金一家，除了父親在任廣元縣縣令回來後購置的四十畝地外，還從祖父那裡分到了兩百畝田。另外，他們一房人的生活費用全由祖父供應，不用自己費心。按照說，巴金等兄弟姐妹據此再過上錦衣玉食、養尊處優的貴族生活是沒有問題的。然而，隨著年齡的增長，隨著失去了父母這道屏障，巴金越來越清楚地窺察到家族的眞相。

祖父李鏞是李公館窒息腐敗的根源。與《家》中的高老太爺相比，他自然沒有那樣的愚妄與專橫，聽說學好英語可以到薪水高的郵局工作，於是決定請表哥濮季雲到公館幫巴金補習英語；在巴金身體瘦弱時，還專門出錢給巴金訂了一份牛奶。他有著大家族創業者慣有的精明與果敢，然而也有著創業者慣有的自信與狂妄。他主宰著家庭的一切，所有人必須唯命是從。而且，他也有著專制者常有的腐化與放蕩。他晚年不僅討了妖艷的姨太太，而且還在家中公開進行玩小旦的把戲。當時川劇小旦均由男性扮演，其實是一種變相的同性戀。對此，巴金的厭惡與反感是與日俱增的。

最爲墮落與讓這個大家庭斯文掃地的，當是五叔李道沛。五叔是繼母濮氏所生的獨子，眉清目秀，聰明伶俐，深得祖父寵愛。然而他用瞞、騙、偷等手段，將家中的錢偷出去大肆亂花，甚至以祖父的名義在外面借了大量的外債，娶了個綽號叫「禮拜六」的暗娼，事情敗露後，他跪在祖父面前痛哭流涕，自己打自己的耳光，保證悔過自新，重新做人，然而沒幾天，他又舊病復發，溜出去與「禮拜六」幽會去了。對於五叔的荒唐與無恥，巴金暗暗地發笑。他覺得這個大家庭就要走到他的盡頭了。

讓巴金最感到同情與悲傷的，是大哥堯枚。他本是一個極有希望的青年，曾以第一名的成績中學畢業。他對化學很感興趣，希望畢業後到上海或北京有名的大學去念書，將來再到德國去留學。然而，父親用拈鬮的方法草率而匆忙地決定了他的婚事，全然不顧他深深愛著的一位表姐。父親去世後，他到處打躬作揖，四面討好，但是還仍免不了受叔嬸們的傾軋與排擠。他開始變得抑鬱，一度發過狂。「我自來睡得晚，常常讀書到深夜，我聽見大哥摸索進了轎子，接著又聽見玻璃破碎聲……我那個時候就知道大哥這個病是給家裡人的閒言誹語和陰謀陷害逼出來的。」②祖父去世僅一星期，就在存放著祖父牌位的靈堂前，叔嬸爲了爭奪遺產就大吵大鬧起來。大哥幾乎一聲不吭，聽憑叔嬸們宰割。巴金在屋外只模糊地聽到爭吵聲。

這樣的家庭，巴金再也呆不下去了。他見到了太多的腐朽，聽到了太多的謊言，他一刻也不想在這裡停留。他想離開這個家。

湊巧，聲勢浩大的「五四」運動爆發了。

二、信仰出世

提起「五世」，巴金總是滿懷著激情。

他說：「在五四運動後，我開始接受新思想的時候，面對著一個嶄新的世界，我有點張惶失措，但我也敞開胸膛盡量吸收，只要是伸手抓得到的新的東西，我都一下子吞進肚裡。

只要是新的、進步的東西我都愛，舊的、落後的東西我都恨。」③他反覆聲稱：「我是五四的兒子，我是五四的年輕英雄們所喚醒，所教育的一代人。……五四使我睜開了眼睛，使我有條件接受新思想新文化，使我有勇氣一步一步離開我的老家。」④

確實，「五四」使巴金衝出了狹隘的李公館，確立了爲之奮鬥的信仰。

一九一九年五月四日在北京爆發的愛國學生運動，以勢不可擋的氣概燃遍了神州大地。「五四」運動第二天，成都幾千名學生便湧上街頭，聲援北京的學生運動。大哥堯枚辦公地附近的華陽書報經營處，是成都城中唯一經銷新潮書刊的地方。一天，他帶回幾期《新青年》和《每週評論》，兄弟們如獲至寶，爭相閱讀，如在黑暗中看到了耀眼的光芒。於是《少年中國》、《新潮》、《星期評論》、《北大學生週刊》、《實社自由錄》……這些新潮書刊便源源不斷地流進李公館中。巴金與堯枚、堯林、香表哥、六姊共五人，還在公館中組織了一個研究會，專門研究起新文化來。

一九二〇年八月，巴金和堯林一起考進成都外國語專門學校。這時祖父已死，公館中已經沒有人能阻止他。他開始了跨出家庭、朝外發展的歷程。

這年冬天，他收到一位朋友從上海寄來的小冊子《告少年》。這是俄無政府主義者克魯泡特金寫的一份宣傳性的講演材料。它主張消滅私有制，廢除一切國家形式，建立無政府的萬人享樂的新社會。這對於看夠了封建大家庭的腐敗、剛剛進入社會的十七歲的少年巴金來說，該是有著何等的吸引力！巴金從沒有想到世界上還有這樣的書，它說出了自己響往已久的憧憬。「我把這本小冊子放在床頭，每夜都拿出來，用一顆顫抖的心讀完它。讀了流淚，流過淚又笑……從這時起，我才明白什麼是正義。這正義把我的愛和恨調和起來。」⑤

仔細想來，巴金是一位沒有經過多少磨難的公子少爺。他有愛憎，然而卻更帶有一種理想（甚至幻想）的成份。在他的性格中，熱情與單純構成了主要的內核。他熱情，因為他沒有經過多少的生活之苦，總是顯得意氣奮發、充滿活力。他單純，因為他總是在母親和兄弟的庇護之中，不可能產生如魯迅那樣由小康墜入困頓的深刻感。因而，當他偶一接觸到某種新思想與觀念時，便很容易被吸引與征服，並義無反顧地為之努力與奮鬥。從這個角度，我們似可理解巴金為什麼一下子就接受了安那其主義（安那其主義源出法文anarechisme，又譯無政府主義），並為之奔走呼號了幾十年的原因了。

讀完《告少年》後幾天，他懷著激動的心給上海新青年社的陳獨秀寫信，因為他聽說這本小冊子是新青年社翻印的。「這是我一生寫的第一封信，我把我的全心靈都放在這裡面，我像一個謙卑的孩子，我懇求他給我指一條路，我等著他來吩咐我怎樣獻出個人的一切。」⑥這有些類似於如今「追星族」的做法。不過，苦等了好幾個月，大名鼎鼎的陳獨秀並沒有給他回信。這不免有些使他黯然。

不過，不久他從上海《申報》中看到有贈送波蘭劇作家廖亢夫《夜未央》的廣告。他立即匯款郵索。這次終算收到。該劇描寫的是一群在一九〇五年俄國革命中英勇獻身的青年英雄，正好契合了巴金願爲人類社會奮鬥的美好理想，把它當寶貝似地在朋友中傳看，並將它搬上舞台，排演過好幾次。他覺得，「它給我打開了一個新的眼界。第一次在另一國度的一代青年爲人民爭自由謀幸福的鬥爭中找到了我的夢幻中的英雄，找到了我終身的事業。」⑦

至此，巴金正式確定了信仰，找到了「終身的事業」。

三、衝出夔門

當時，成都有一個無政府主義的刊物《半月》，由袁詩堯、吳先憂、張拾遺、章戬初等幾個信仰無政府主義的青年創辦。一九二一年二月的一天，巴金從《半月》上讀到《「適社」意趣和大綱》一文，了解到該社的旨趣是建設互助、博愛、平等、自由的世界，要求建立一個各盡所能、各取所需的社會。這與《告少年》、《夜未央》中所宣傳的思想幾乎同出一轍。巴金興奮起來：克魯泡特金、廖亢夫的主張雖好，但他們遠在國外，不能直接交往，現在成都也有這這樣的團體，該是如何的直接與方便呢。

於是，巴金舖開信紙，給《半月》編輯寫了封要求參加「適社」的信。不久，《半月》編輯章戳初就與巴金取得聯繫，隨之吳先憂、袁詩堯也都與他見了面。巴金突然發現了一個新的天地，他對這些朋友充滿了信任與愛戴，常常以崇敬的眼光注視著這些爲理想而奔走的同齡人。在他們面前，那些常年蹲在公館裡的青年該是多麼的蒼白與渺小啊！巴金一古腦兒地投身到《半月》及後來的《警群》、《平民之聲》等刊物的編輯、創作之中，他感到精力充沛，心情昂揚。

同年四月，巴金在《半月》第十七號上發表《怎樣建設眞正自由平等的社會》的短論，這是目前發現的巴金最早公開發表的文章。他大膽地認爲「妨礙人民自由的就是政府」，只有「安那其才是眞自由，共產才是眞平等」。人民爲了實現自由平等的社會，必須推翻萬惡的政府，沒收資本家壟斷的財產。此後，又發表有《愛國主義與中國人們幸福的路》、《托爾斯泰的生平和學說》等短論，以及新詩《被虐者底哭聲》、散文《可愛的人》等一批作品。這是巴金創作的起點，也是巴金創作的源頭。然而，巴金一開頭並沒有想成爲作家，他是作爲一名社會變革的實際參與者加入到文學這一行列中來的。

除文章外，巴金還以其他的方式使自己成爲安那其主義者。

在巴金與吳先憂等人編輯的《平民之聲》周刊上，曾經刊登過我國較早的無政府主義倡導者劉師復制定的「十二戒律」，具體爲：一不食肉；二不飲酒；三不吸煙；四不用僕役；五不乘轎及人力車；六不婚姻；七不稱族姓；八不作官吏；九不作義員；十不入政黨；十一不作海陸軍人；十二不奉宗教。儘管巴金並沒有聲明自己按這十二條戒律嚴格實行，然而對照他後來的生活方式與態度，這戒律的影響是相當明顯的。比如不飲酒、不吸煙、不作官吏、不入政黨等等，都不能排除這一戒律的影響。至於巴金直到一九四四年四十一歲時才與蕭珊結婚，我總感覺到隱隱地與「不婚姻」這一條有關。

爲了徹底地成爲一個安那其主義者，他還極力倡導與學習世界語。

他在《世界語之特點》一文中這樣認爲：「我們主張世界大同的人，應當努力學習世界語，努力傳播世界語。使人人能懂世界語，再把安那其主義的思想輸入他們的腦筋，那時大同世界就會立刻現於我們的面前。」⑧爲此，他勤奮地學習世界語，並與上海的世界語學者胡愈之通信，探討學習與推廣世界語的問題。在一九二一和一九二二兩年中，學習世界語成爲他生活中的一個重要內容。

一九二三年四月，巴金和哥哥堯林得知，儘管在成都外專讀了兩年半書，從補習班讀到預科、本科，然而由於巴金沒有中學文憑，因此只能算旁聽生，拿不到畢業文憑。先是堯林提出到上海去讀書，巴金眼睛一亮，覺得是走出大家庭，獻身理想的絕好機會，也要求同去。

這事得到了大哥堯枚和繼母的贊同。在大哥心中，自己沒有實現的理想由兩個弟弟去實現，對自己何嘗不是一個安慰呢。

一九二三年五月初的一個晚上，巴金和堯林乘船離開成都，衝出夔門，前往上海。在碼頭送行的只有大哥一人。他看著巴金兄弟乘坐的木船，他滿眼淚水：「到了上海後，請一定經常寫信回來。家中經濟再難，我也一定能夠對付。」他希望巴金能進大學讀工程系，將來做個工程師，可以有個穩定的職業。可是誰能想到，當他六年後再在上海與巴金見面時，巴金卻已成爲文壇的一顆新星了。

四、「精神上的母親」

巴金和堯林乘木船離開成都，先到宜賓，然後在宜賓下船改乘火輪，經瀘州到重慶，再換乘重慶到上海的大輪船，經宜昌、漢口、南京，最後到達上海。這段漫長的船程大約有一個月的時間。

在上海，巴金浙江嘉興老家有一位遠親李玉書，辛亥革命前曾去成都投靠過李鏞，現在上海《新申報》工作。由他安排，住進漢口路的春江旅館。不幾天，曾在成都一起搞無政府主義的朋友江疑九，跑到旅館來看巴金。他詳細記載了巴金初到上海時的情況：「我懷著異常興奮的心情走進巴金他們住的房間時，首先看到一張方桌的兩側，面對面坐著兩個深灰色布長衫的青年。……他圓圓的臉龐，紅潤豐滿，頂平額寬，微露頭頂，一望而知是個聰明的形象，但談起話來，口齒卻有些遲鈍，不仔細聽還聽不清楚。」⑨與巴金青年時代的照片對照起來看，這段肖像描寫是準確而傳神的。

在李玉書安排下，巴金兄弟倆首先到浙江嘉興塘江鎮祭掃李家祠堂，嘉興距上海不遠，從巴金高祖李介庵離開嘉興到成都定居，也才五世，所以於情於理都應該去祭掃一番。由此可見，巴金對封建大家庭的否定主要還是在思想領域，對自己老家仍是有相當感情的。

大約二個月後，兄弟倆同時考取上海南洋中學，分別插入二年級和三年級。這是上海一家有名的中學，教學質量不錯，但學費、寄宿費很貴。讀了半年到寒假時，因經濟緊張，不得不考慮轉學一事。這時，聽說南京東南大學附中學風很好，但收費便宜，於是寒假中便轉考東大附中。一九二四年一月二十三日，兄弟倆到了南京，住在北門橋魚市街二十一號石城中學的一間屋子裡。

初到南京，巴金經受了一段難熬的寂寞時期。沒有娛樂，沒有朋友，只是每星期給四川的大哥寫一份信，排遣心中的鬱悶和寂寞。不過，南京畢竟是當時的首都，也是當時全國無政府主義者活躍的地區之一。他最先認識了四川人尹劍波，他在南京省立一中讀書，與另一同學創辦了一個無政府主義雜誌《民鋒》。接著，又結識了衛惠林、范雄毅、毛一波、秦抱樸等一批年輕的無政府主義者。巴金這時才如魚得水。在東大附中上課之餘，幾乎將所有的業餘時間都傾注在與這些年青朋友的討論、聚會之中。

一九二五年一月，由朋友秦抱樸介紹，與俄國著名的無政府主義者高德曼建立了通信聯繫。高德曼自青年時代就立志獻身於民衆的解放運動，是俄國無政府主義運動的主要領導人，後流亡美國。巴金在四川時就對這位因信仰而坐過牢的無政府主義者非常崇敬，他在信中向高德曼敍述了自己出身於傳統大家庭的苦悶，表達了對無政府主義的追求與信仰。不久，高德曼回了信，信中說：

……你說你是以一個富裕的家庭裡出來的，這沒有什麼關係。在資產階級裡面也常常產生了活動的革命家來，事實上在我們的運動裡大部分的理智的領導者，都是這樣的一類人……我看出來你是有著每個青年叛逆者所應有的眞摯和熱情的，我很喜歡這種性格，如今更是不可缺少的，因爲只爲了一點小小的好處，許多人就會賣掉他們的靈魂——這樣的事情到處都會有。連他們對於社會理想的興味也只是表面上的，只要遇上一點小小的困難，他們就會把它拋掉。因此我知道在你們那裡你和別的年青人眞摯地思索著，行動著，而且深切地愛著我們美麗的理想，我覺得十分高興……⑩

巴金一遍又一遍地讀著這封頗具煽動性與雄辯性的來信，激動的淚水奪眶而出。如果說兩年前在成都對無政府主義的信仰還只是出於自己的喜愛，那麼現在則無疑堅定了對這一信仰的獻身精神。他不僅找到了組織，而且得到了這一組織國際著名領袖的關懷和指點。為此巴金不止一次地說，高德曼是他「精神上的母親」，是第一個使他「窺見了安那其主義的美麗的人」。這種影響幾乎整整左右了巴金一生的人生道路。

從此，巴金更加積極與忘我地投身到對無政府主義理論的介紹與翻譯之中，發表了《柏克曼傳記》、《無政府主義與暴行》、《日本勞動運動社同志的來信》等譯著。也就是在這個時期，巴金高中化學考試得三十分，是全班最末一名。

五、輾轉南北

一九二五年七月，巴金與哥哥堯林一起畢業於東南大學附屬中學高中，終於取得了一張中學畢業文憑。在投考哪一所大學方面，兄弟倆卻出現了歧異。

堯林準備去蘇州投考東吳大學（今稱蘇州大學）。那是一所由教會主辦的著名大學，學風嚴謹，教學質量很高，但對「五四」新文化運動的反應卻相當遲頓與保守。這很適合於堯林的性格。而巴金卻更喜歡一種熱火朝天的生活，他嚮往北京大學。那是「五四」新文化運動發源地，開明、活潑、氣象萬千，十分吸引立志爲理想而奮鬥的青年巴金。於是，巴金與堯林在南京浦口分手，開始了出川以來從未有過的獨來獨往的生活。

到北京後，經一位朝鮮朋友沈茹秋的幫忙，住在北河沿的同興公寓，並在沈的介紹下，認識了另一位無政府主義者柳絮。不過，在北京的情況並不順利。在北京大學招生處考前檢查身體時，醫生在他肺部仔細聽了好幾次，並用疑慮的眼光審視著他略帶清瘦的臉龐，微微地搖了搖頭。這對巴金簡直是個巨大的打擊。儘管他沒有接到不讓他參加考試的通知，但是，他已經沒有勇氣再坐到考場裡了。要知道，在本世紀二十年代肺病幾乎是與絕症聯結在一起的。

這也許是巴金一生中情緒最低落的時期之一。他自小就從來沒有一個人生活過，而現在所有的親人都不在他的旁邊。他後來回憶道：「在北京我只有兩三個偶爾來閒談的朋友，半個月中間始終陪伴我的就是一本《吶喊》。……在這苦悶寂寞的公寓生活中，正是他的小說安慰了我這個失望的孩子的心。我第一次感到了、相信了藝術的力量。以後的幾年中間，我一直沒有離開過《吶喊》」⑪。《吶喊》使他振奮，也使他日後對魯迅先生懷有深深的崇敬之情。

八月下旬，無緣進入北京大學的巴金，灰心地回到南京。這時堯林已經被蘇州東吳大學錄取。他勸巴金到上海去，因位有一位四川老鄉在上海法租界開醫院，可以醫治肺病。

這次巴金到上海住在法租界貝勒路天祥里（今黃坡南路一四九弄），與衛惠林、毛一波同住在一起。那位會看肺病的四川醫生叫鄧夢仙，畢業於日本千葉醫科專門學校，回國後在上海開辦了一個華光醫院。巧合的是，這位醫院院長是一個相當積極的地下無政府主義者，與國內許多無政府主義人物都有聯繫。這對巴金來說，不啻是一個從天而降的救星。不幾天，他就成了無政府主義刊物《民衆》半月刊的發起人。除巴金外，發起人還有鄧眞恆、沈仲九、李少陵、黃培心、衛惠林、禪林、呂千、周索非、毛一波、沈茹秋、姜种因、盧劍波、秦抱樸、陸不如等十五人。《民衆》是國內，特別是當時南方無政府主義者聯絡的紐帶，具有深廣的影響。由此，巴金也一躍而成爲中國無政府主義運動的核心人物之一。

這時，巴金十分勤奮地創作、譯述、出版了第一本小冊子《五一運動史》，翻譯了他的第一本譯著《麵包取略》（克魯泡特金著），以及一大批的單篇文章。

其中，值得注意的是與郭沫若展開的一場小筆戰。

當時郭沫若剛從個人主義轉而信仰馬克思主義，在《馬克思進文廟》等文章中，對馬克思的思想作了不少牽強的解釋與發揮。這本是郭沫若的一慣個性。巴金在《馬克思主義的賣淫婦》一文中，認爲「馬克思主義的賣淫婦」一詞，本是考茨基贈送給列寧的「綽號」，這用來轉贈郭沫若也相當合適，「因爲郭君把馬克思主義塗上郭沫若主義的顏色了」。文中不乏對郭沫若的挖苦、嘲諷。不過，郭沫若已是當時文壇赫赫有名的大詩人，對名不見經傳的巴金，似乎用不著專門發表文章論辯，只是在《賣淫婦的饒舌》一文中，捎帶諷刺了一下巴金：「這樣一來，簡直把他們所極端反對的馬克思當成他們所極端崇拜的克魯泡特金去了。」巴金被這種輕蔑所激怒，迅速發表《洗一洗不白之冤》、《答郭沫若的〈賣淫婦的饒舌〉——並介紹郭沫若的妙文》加以反駁。當然這種筆戰最後不了了之，但巴金對郭沫若的反感至老年都沒有改變。

八十年代，有記者問巴金喜歡哪些中國現代作家時，他答道：「魯迅的作品我喜歡讀，還有茅盾的、老舍的、曹禺的、沙汀的，另外，李劼人的作品我也喜歡。」⑫就是唯獨沒有郭沫若。

【註　釋】

① 巴金：《家庭的環境》。

② 巴金：《談〈秋〉》。

③ 巴金：《我的幼年》。

④ 巴金：《老化》。

⑤同註③。
⑥同註③。
⑦同註③。
⑧見《半月》第二十號。
⑨江疑九：《憶巴金初到上海》，載《新月》一九八四年第四期。
⑩巴金：《信仰與活動》。
⑪巴金：《憶魯迅先生》。
⑫唐金海等《憎恨黑暗，熱愛光明——三訪巴金》，見《巴金專集》，頁一二二。

第三章　《滅亡》：在巴黎鐘聲中誕生

一、去法國

就是在與郭沫若進行論戰的同時，巴金萌生了強烈的去法國的願望。

這個願望是由同住的朋友衛惠林決定去法國而引起的。這與上次三哥堯林打算到上海讀書，他也一起跟隨有些二樣。不過這次巴金打算去法國倒有自己特殊的想法。他認爲：「法國較其他國家容易接納中國留學生，其次是因爲費用較低，但最主要的是因爲法國是很多被放逐者的庇護所，形形色色的革命者都來到法國生活。」①對於熱衷於無政府主義運動的巴金來說，到法國當然是一件理想而愉快的事情。

然而大哥堯枚、三哥堯林起初都不同意。

巴金先是於一九二六年二月到蘇州東吳大學徵求三哥堯林的意見，堯林聽後，並沒有露出巴金所希望的欣喜眼神，只是淡淡地說道：「現在家中境況，已非昔日可比。你我兩人在外讀書，已經花錢不少，大哥哪裡再能籌得出一大筆款子讓你去法國呢？」

巴金並沒有就此罷休。一向任性的他，又徑直給大哥堯枚寫信，直接提出需要一筆錢去法國留學。大哥回信說，家中經濟實在不妙，能否過了二、三年以後再考慮出國？一直生活在別人庇護之下的巴金，並不太能體會金錢的重要，也無法體諒大哥的苦衷，再三寫信回去要求出國，並語氣激烈、急躁。最後，大哥堯枚終於答應了巴金的要求，將錢匯到了上海，希望他到法國進大學，讀工科，學成後好重振家業。這也足見大哥的仁愛、寬厚。

不久，巴金便辦好了出國手續，拿到了去法國的護照。護照上這樣寫道：

中華民國外交部特發給李堯棠（年齡二十一歲，職業學生，籍貫四川成都）以五五八三號赴法國護照，務盼沿途文武官員遇事妥爲照料。

一九二七年一月十四日，就是巴金出國的前一天，他收到了在蘇州的三哥堯林的信。其中有一段是這樣說的：「你這次動身，我不能來送你了，望你一路上善自珍攝。以後你應當多寫信來，特別是寄家中的信，要寫得越詳越好。你自來性子很執拗，但是你的朋友多了，應當好好相處，不要得罪人，使人難堪，因此弄得自己吃苦。衛惠林年長，經驗足，你遇事最好虛心請教。你到法國後應當讀書爲重，外事少管，因爲做事的機會將來很多，而讀書的機會卻只有現在很短的時間。對你自己的身體也應當特別注意，有暇不妨多運動，免得生病。想同你說的話很多，但不知說那些好，現在只說了這一點，其他也不必說了。總之，望你善自保重。」②

抄了這麼長一大段，主要是因爲這是三哥堯林現在僅存下來的兩封信之一。作爲對三哥的思念，巴金肯定是常常閱讀這封書信的。

就在這天晚上，巴金給堯林寫回信。「我很想念你。我很想再見你一面，但蘇州和上海間的距離阻隔了我們。我從沒有像現在這樣感覺到我們離得很遠。但是我又想到以後我會一天一天地往更遠的地方走了。……沿途我自然會寫信給你，告訴你我所見到的一切，使你的心也跟著我遊歷世界的一部分。」③這封信寫得很長，一直寫到夜闌人靜的午夜。

第二天早晨，即一九二七年一月十五日，巴金便與友人衛惠林一起登上Angers（昂熱）號法國郵船，開始了整整兩年的法國之行。

二、海行雜記

當昂熱號駛出吳淞口，祖國的海岸線越來越遠，終至於看不清時，巴金這才眞正地意識到要離開祖國了，要到一個陌生的國度去了。這與當年出夔門的情形不同，當年心中有的只是爲理想而驅動的熱情。而現在，心中裝滿的卻是悲哀和離愁。他憑欄遠眺，不由自主地想起了舊俄時代被放逐到西伯利亞的民粹黨人常唱的一首歌：《再見吧，我不幸的鄉土喲》。

他在這塊土地上生活了二十二年。這裡有美麗的山水，肥沃的田疇，然而同時又有黑暗的監獄和刑場，有人吃人的慘酷景象。面對這些，站在甲板的青年巴金不禁一次次地大聲質問：「喲，雄偉的黃河、神秘的揚子江喲，你的偉大的歷史到哪裡去了？」黃河、長江自然無言應對。他失望地走回船艙：「再見吧，我不幸的鄉土喲！我愛你，我又不得不恨你。」

④

當然，巴金想得最多的還是他的親人。他沒有忘記臨行前給三哥堯林在信中許下的諾言。他舖開信紙，每日寫海行紀事。

一月二十三日，船泊越南西貢港，巴金躺在甲板帆布椅上，忽然聽到從旁邊小木船上傳來淒慘、悠揚的越南樂曲。這個曲調陡然勾起了他對三姐堯彩的思念。少年在家時，三姐關懷他、愛護他，他也曾聽過三姐幽怨的笛聲。而不久前，從大哥信中知道三姐出嫁後，在陳家受公婆欺壓，再加之姐夫遊手好閒，不負責任，以致在醫院難產去世。想到這些，巴金不免淚眼模糊。

同船的共有九位中國學生，儘管有的在國內時並無交往，然而同船共渡的機緣使他們聚集在一起。每到晚上，他們總會從船艙中跑出來，躺在甲板的帆布椅上，無拘無束地討論起各種問題。有時討論帝國主義，有時討論社會問題，有時討論婦女問題，大膽而激烈。這些是一般青年學子的個性使然，同時也足以使他聊以打發旅途的寂寞。當然，他們談論得最多的話題，自然是關於法國的生活、環境、文化，以及到了法國後他們的理想與追求。

在爭論的人群中，巴金是較少開口的一個。他生性熱情，然而卻與生俱來的訥於言詞。他非常崇拜那些在大庭廣衆面前滔滔不絕的雄辯者。他的天性似乎只會用筆來表示。他往往一邊聽一邊看書。他看的是克魯泡特金的《倫理學》。這本宣傳無政府主義的著作，給他疲倦的旅途以極大的慰藉。他不是在作一般的海行旅行，他是爲了一個神聖的理想而去法國盜取火種的。同船的中國學生都知道，這是一位虔誠的無政府主義者。此外，巴金還看一本德國作家斯托姆的中篇小說《茵夢湖》。這是一個世界語譯本，然而不小心剛看到一半時，便掉到印度洋裡了。爲此，巴金非常遺憾。

二月七日，「昂熱」號經過印度洋七天的航行到達吉布堤港。不過，船沒靠岸，泊在海中。巴金見五個黑人小孩泅水過來向旅客討錢，一個法國人用一副玩賞的心情向海中扔進一枚銅子，看這五個黑人孩子拼死博鬥，在海水中找出這枚銅子。見此，巴金的心「似乎被什麼東西搔著痛」，白人的這種取樂方法不是過於殘酷了嗎？

經過美麗的蘇彝士運河、地中海，飽賞了兩岸秀麗的景色，領略了紅海中日出、日落的壯觀景色，經過長達三十五天的海上旅行，「昂熱」號終於停靠在法國馬賽港。到法國了，巴金也似乎產生了新的感想：「我現在的信條是：忠實的生活，正當地奮鬥，愛那需要愛的，恨那摧殘愛的。我的上帝只有一個：就是人類。爲了他我準備獻出自己的一切。」⑤

三、聖母院的鐘聲

二月十八日，巴金和衛惠林到達馬賽，第二天上午便乘火車到了巴黎。與衛惠林熟識的無政府主義者吳克剛，在車站接到他們，並把他們安排在Blanvile街五號旅館，不久又搬到Tournefort街的一所公寓中。

初到法國的巴金，沒有壞的印象，也沒有特別好的印象。他首先整理完赴法途中和初到法國時寫作的遊記，共計三十九篇，定名爲《海行雜志》，寄給已從蘇州轉學到北平燕京大學的三哥堯林，並再由他轉寄給在成都老家的大哥堯枚。至於上學，大哥當時寄錢給他，明明要他學工科，但巴金卻一直堅持要上經濟學。他打算進巴黎大學經濟系，從經濟學的角度來研究無政府主義理論和運動。不過，進學校首先得學法語。於是，他首先進入法國文化協會附設的夜校學習法語。然而，不過一個多月的時間，他接到老家來信，驚悉家中已經破產，無法再供應學費。不得已，改夜校正式學習法文爲自修。至於巴黎大學，看來要與這個東方來的窮學生無緣了。

在剛到法國的一段時間中，巴金的寂寞感、孤單感是相當強烈的。這似乎是他的個性使然。在巴金的性格中，熱情好動與多愁善感是兩個相互統一的矛盾體。在衆人面前，在白天，巴金總是滿臉笑容的，無憂無慮的；而在衆人散後，在夜深人靜之時，他又是那樣的細膩、敏感與脆弱。這種性格的形成與他從小在家庭中的地位密切相關。現在，到了法國，人地兩疏，距離故鄉萬里之遙，他的冷清與孤獨無法抑制。他不止一次地給大哥、三哥寫信。急切地呼喚：「現在我的心確實寂寞得很！冷得很！望你們送點火來罷！」

就在這樣的背景之下，巴金想到了創作，想到了用筆來傾訴自己的感情。他這樣敘述道：

「每夜回到旅館，我稍微休息了一下這疲倦的身子，就點燃了煤氣爐，煮茶來喝。於是聖母院的悲哀的鐘聲響了，沉重地打在我的心上。在這樣的環境裡，過去回憶繼續來折磨我了。我想到上海的活動和生活，我想到那些在苦鬥中的朋友，我想到那過去的愛和恨、悲哀和快樂、受苦和同情、希望和掙扎，我想到過去的一切，我的心就像被刀割著痛，那不能熄滅的烈焰又猛烈地燃燒起來了。爲了安慰這顆寂寞的年輕的心，我便開始把我從生活裡得到的一點東西寫下來。每晚上一面聽聖母院的鐘聲，我一面在練習簿上寫一點類似小說的東西，這樣在三月裡我寫成了《滅亡》的前四章。」⑥

這前四章的題目是：〈無邊的黑暗中一個靈魂的呻吟〉、〈夢景與現實〉、〈四年前〉

和〈女人〉，均取材於作家生活過的上海和四川老家。這是巴金呈現給讀者的最初的小說作品。

不過，《滅亡》在這時並沒有寫完。在創作了前四章以後，巴金心中的孤獨感與寂寞已大為消失。他中止了《滅亡》的寫作，轉身投入到忙亂的政治活動之中。

這種政治活動最主要的是指「薩凡事件」。

薩珂和凡宰特都是在美國的意大利工人，常常在工人中宣傳無政府主義思想，美國警察局以殺人搶劫案的借口將他們逮捕，並判處死刑。這事激起了全世界民主陣營的強烈反對，紛紛要求無罪釋放薩、凡，形成了世界性的營救運動。巴金曾讀過凡宰特自傳，裡面說道：「我希望每個家庭都有住舍，每張口都有麵包，每個心靈都受到教育，每個人的智慧都有機會。」這話使巴金激動萬分。多麼美好的心靈啊！而現在凡宰特就要被執行死刑了。他不能無動於衷。巴金鋪開信紙，以他慣有的方式給在美國囚獄中的凡宰特寫信。

沒多久，凡宰特給巴金寄來一封長信，其中說道：「青年人是人類的希望，當我看見你的照片時，我的腳就激動地跳起來，我對自己說：呵！在我衰弱的手中漸漸倒下去的旗幟，——那自由事業的旗幟，那無上美麗的安那其的旗幟，將在他們中間高高地舉起。——如果眞能這樣的話，那可就太好了！」

讀著凡宰特的來信，巴金熱血沸騰，他發誓要為無政府主義運動付出自己的一切。「從此我的生活有了目標，而我也有面對生活鬥爭的勇氣了。」他一口氣寫下〈立誓獻身的一瞬間〉一文，決意為安那其主義奮鬥終身。這段文字後來被作者編入中篇小說《滅亡》第十一章。

民主陣營的援救儘管使薩、凡的死期推遲了一個多月，但最後仍於八月二十二日午夜被押上電椅處死。這場歷時三、四個月的營救運動，是巴金政治生涯中最為活躍與激動的時期，隨著薩、凡事件的結束，巴金的生活出現了別樣的面貌。

四、瑪倫河畔

一九二七年七月下旬或八月初，巴金因肺病復發，遵醫囑移居巴黎以東一百多公里瑪倫河畔的小鎮沙多—吉里休養。經學哲學的朋友詹劍峰介紹，住在拉·封丹中學飯廳的樓上，同住的還有幾位中國留學生。

這是一個十分清幽的小鎮，與喧鬧、繁華的巴黎簡直有天壤之別。每天早晨，巴金總是早早地起來，走出校門，沿著瑪倫河的小路散步，儘情地呼吸著農村小鎮的新鮮空氣。有時他也帶上一本惠特曼詩集，或者屠格涅夫、左拉的小說，在樹林僻靜處坐下來翻閱。尤其是那位看校門的古然夫人，年過六十，對這幾位來自中國的學生一點也不歧視，永遠用微笑的眼光看著他們，並像母親一樣親切地詢問他們的生活。在這兒，巴金靜心養病，心情也隨之平靜下來。

他忘不了的還是無政府主義。

不過，這時遠離政治活動的中心，他只能將這種熱情傾注在理論的翻譯與介紹上。他找出克魯泡特金的遺著《人生哲學：其起源及其發展》，決定將這本世界各國都有譯本，而唯獨中國尚付闕如的克氏未竟之作介紹進中國。他在寫給二哥堯林的信中是這樣說的：「近年來我在拼命地譯《人生哲學》，我的全副力量都用在這上面了。……自然要這樣地度過一個人的青春，也許是可憐的事，然而現在我也找不到更美麗的方法。……這樣的工作並不曾使我厭倦，反而它是我的唯一安慰，唯一的快樂；它堅強了我的信仰，鼓舞了我的勇氣。」⑦

在克魯泡特金看來，人類本性中存在互助、正義、自我犧牲三大特徵，政黨在取得政權之後不應該繼續使用暴力，而應該著力於道德的感召與努力。應該說，這是一個深奧的理論課題，非年僅二十五歲的青年巴金所能輕易理解。為此，巴金埋頭鑽研歐洲古典哲學和宗教著作，以便順利地翻譯這部巨著。翻譯中，巴金越來越為克氏的理論所吸引。比如克氏認為，俄國革命之所以失敗，不能創造出一種基礎於自由與正義的原理上面的新社會制度，大概是因爲缺乏崇高的道德理想所致。巴金接受了克氏這一主張，反觀中國後認爲：「中國革命之所以弄到現在這樣的地步，在我看來也是因爲沒有崇高的道德理想。因此《人生哲學》之翻譯在現今卻也是一件必要的工作了。」⑧他還進一步認爲，通過克氏這部著作的翻譯，「我便感覺到有了屹立不動的精神，我可以在這一個濁流滔滔的大海中做一個堅定的岩石了。」⑨大約在一九二八年四月，巴金終於翻譯出了這部《人生哲學：其起源及其發展》（上編），並於同年九月在上海自由書店正式出版。

就在翻譯《人生哲學》的前後，中國國內正在進行一場規模巨大的清黨運動。當時國共兩黨分裂，國內的無政府主義也迅速分化，老資格的吳稚暉、李石曾等人紛紛轉向，搖身一變爲國民黨要員。就連當年巴金赴法時到碼頭來送行的畢修勺，也公開支持吳稚暉、李石曾，贊同「實現無政府主義要三千前」的主張。對於國內無政府主義運動的動搖，巴金接連發表了〈答誣我者書〉、〈我們現在應該怎樣做呢？——答CA同志的一封信〉、〈怎樣做法〉等等，表達了他的看法。

在〈答誣我者書〉一文中，巴金認爲自己選擇無政府主義純粹是出於自己的愛好，從來沒有與任何政黨發生過關係，今後也決不會與任何人、任何黨派妥協。他宣稱無政府主義是他的生命、一切和安慰，「美麗的無政府主義理想就是我的唯一光明，爲了他，我雖然愛盡一切人間的痛苦，受苦世人的侮辱我也是甘願的。」不論如何，「我是一個無政府主義者，一個巴格寧主義者，一個克魯泡特金主義者。」在〈我們現在怎麼做呢？〉一文中，他更是明白無誤地宣稱：「在這時代底前進中我愈看出我所認識的眞理是不錯的」，「如果我能死一百次，又復活一百次，我仍要走現在所走的道路，我仍要做一個革命的無政府主義者。」

很顯然，在社會變動的關頭，巴金不願意放棄他的理想與選擇，他要爲美麗的安那其主義奉獻一生。

五、第一部處女作

在譯完《人生哲學：其起源及其發展》以後，巴金又譯了俄國司特普尼亞的短篇小說《三十九號》、波蘭奚．抗夫的短篇小說《薇娜》等作品。有一陣子，他還打算翻譯俄國車爾尼雪夫斯基的長篇小說《怎麼辦》。值得注意的是，巴金的興趣逐漸向文學方面靠攏，已不純粹是翻譯無政府主義的理論著作了。

這年夏天，巴金收到了遠在祖國四川老家的大哥的信。他小心翼翼地拆開信封，享受著來自家人的眞摯的親情。不過，讀著大哥的來信，他越來越感覺到倆人之間的距離。大哥最近相當傷感，家庭破產後，他一心想的是如何興家立業，以慰父母、祖父的在天之靈。他勸巴金在法國好好學習，學成後回國與他一起分擔家庭的重擔，以期重振李公館往昔的繁華。五年前，巴金離開成都老家在碼頭與大哥告別時的情景又浮上了心頭。他理解大哥，也同情大哥的處境，然而，五年後的今天，他的大哥卻再也不能理解他的弟弟了。自從在成都初步接觸到無政府主義，其後到南京後與高德曼的通信，在法國參加轟轟烈烈的薩、凡事件，巴金已成爲一個堅定的無政府主義者了。他有了與大哥全然不同的理想與追求，他考慮的不是重新振興李公館，而是要讓普天下的窮苦百姓都有飯吃，都有房住。這與大哥的距離是有多遠啊！他要讓大哥明白這一切的意義，他也想勸大哥不要再這樣執迷不悟了。

巴金想到了小說，想用小說的形式把這種想法傳達給大哥。他這樣說道：「他的信常常充滿感傷的話。他不斷地談到他的痛苦和他對我的期望。我們的友愛越來越深，但是我們的思想距離越來越遠。我覺得我必須完全脫離家庭，走自己選擇的道路。我終於要跟他分開。我應當把我心裡的話寫給他。然而我又耽心他不能了解，我又怕他受不了這個打擊。想來想去，我想得很痛苦。但是最後我想出辦法來了。我從箱子裡取出那個練習本（可能是兩本或三本了），我翻看了兩三遍。我決定把過去寫的那許多場面、心理描寫和沒頭沒尾的片斷改寫成一部小說，給我的大哥看，讓他更深地了解我。」巴金甚至有這樣的想法：「我爲他寫這本書。我願意跪在他的面前，把書獻給他。如果他讀完以後能夠撫著我的頭說：『孩子，我懂得你了，去吧，從今以後你無論走到什麼地方，你哥哥的愛總是跟著你的。』那麼我就十分滿足了。」⑩

有了這樣寫小說的念頭，早晨他一早就爬起來，一個人來到學校後面那個樹林裡散步。他一面聞著林子外邊麥田的麥香，聽著小鳥的歌唱，一面在腦子裡出現了小說中的世界，一些人物不時地在他眼前活動。散步回來，他就坐到桌前，一口氣把它們全寫下來。不到半個月的功夫，不僅把以前寫的一些章節整理修改完成，而且還完成了《滅亡》的其餘各章。在這篇小說中，作者主要描寫了一群為砸爛舊世界、創建新世界而勇於獻身的青年形象。有身患肺病、為反抗專制制度而拼命工作的杜大心，有抱著贖罪心情接近革命並逐漸成長的李冷、李靜淑兄妹，有寧死不屈的工人運動領袖張為群，等等。這是一群只知群體而不知個人利益的青年。巴金創作他們，很顯然，是在表白他正在走的道路，並希望大哥能理解和支持他的這種選擇。

八月初，他用五本練習本整理和抄寫了《滅亡》的全稿，並第一次在書稿上使用了「巴金」這個筆名。為什麼取「巴金」這個筆名呢？歷來曾有種種的猜測和解釋。我們現在還是採取巴金自己的說法：「我因為身體不好，聽從醫生的勸告，又得到一位學哲學的安徽朋友的介紹，到瑪倫河畔的小城沙多—吉里去休養，順便到沙城中學學法文。在這個地方我認識了幾個中國朋友。有一個姓巴的北方同學跟我相處不到一個月，就到巴黎去了。第二年聽說他在項熱投水自殺。我和他不熟，但是他自殺的消息使我痛苦。我的筆名中的『巴』字就是因爲他而聯想起來的。從他那裡我才知道《百家姓》中有一個『巴』字。『金』字是學哲學的安徽朋友替我起的，那個時候我翻譯完克魯泡特金的《倫理學》前半部不久，這本書的英譯本還放在我的書桌上，他聽見我說要找個容易記住的字，就半開玩笑地說出『金』字。」⑪這便是「巴金」筆名的來歷。

《滅亡》是專爲大哥堯枚寫的書。一開頭，巴金只是想自己花錢印二、三百本，寄給他的大哥。不過，他將書稿寄給在上海開明書店工作的朋友索非時，索非卻將它交給了正在爲《小說月報》做代理編輯的葉聖陶先生。葉先生接讀後，決定在《小說月報》上公開發表。而這時，巴金還在法國，並正在做著回國的準備。

六、創作的慾望

一九二八年八月下旬，巴金離開生活了一年零二個月的沙多—吉里小城來到巴黎。在巴黎，巴金遇見了在四川時就曾通信的世界語倡導者胡愈之。當時胡愈之是上海《東方雜誌》的負責人。當時正是俄國大作家列夫・托爾斯泰誕辰一百周年之際，胡愈之約巴金翻譯一篇關於托爾斯泰的文章。巴金便選了一篇托洛茨基論托爾斯泰作品的文章，題爲〈脫落斯基的托爾斯泰論〉譯好寄上，署名「巴金」，發表於一九二八年十月十日出版的《東方雜誌》第二十五卷第十九號上。因該文發表時間比《滅亡》要早三個月，因而，它是第一次公開使用「巴金」筆名的文章。

在巴黎呆了兩個月，巴金便萌發了歸國的念頭，至於爲什麼要在這個時期離開法國，作者在回憶錄中一直沒有明說。不過，推敲起來，可能主要還是經濟方面的原因。巴金這時既無固定收入，家中也斷絕了經濟支援，況且這時身體狀況已經好轉，老呆在法國似乎也不是一個事情。

十月十八日，巴金得到美國舊金山華僑工人鍾時給他湊齊的路費，乘火車到馬賽，準備乘船回國。不過，不巧碰上馬賽海員罷工，向東去的輪船一律停開，不得已在海濱美景旅館五層樓上的一個小房間裡停留下來。

在等船的日子中，除了看電影消磨時光外，便是整天看左拉的《盧貢——馬加爾家族》。左拉的這套二十部長篇，巴金以前曾讀過幾部，這次在馬賽全部讀完了。左拉通過一個家族的變遷來表現社會面貌的寫法，使巴金很受啓發。他體會到了藝術的衝擊力和感召力。他曾這樣描述當時的心情：「我不相信左拉的遺傳規律，也不喜歡他那種自然主義的寫法，可是他的小說抓住了我的心，小說中那麼多的人物活在我的眼前。我不僅一本接一本熱心地讀著那些小說，它們還常常引起我的『創作的慾望』。在等待輪船的期間，我只能寫一些細節或片段……我寫得少，卻想得多。有時在清晨，有時太陽剛剛落下去，我站在窗前看馬賽的海景；有時我晚飯後回到旅館之前，在海濱散步。雖然我看到海的各種顏色，聽到海的各種聲音，可是我的思想卻跟著我那幾個小說中的人物跑來跑去。我的思想像飛鳥一樣，在我那個隱在濃香裡的小說世界中盤旋。」⑫我們發現，這是巴金最早一次對自己創作慾望的坦露。它是那樣的強烈、酣暢，沒有半點的勉強與做作。這是巴金創作天賦的體現。

也是因爲受了左拉《盧貢——馬加爾家族》的影響，巴金這時還產生了通過一些事件或人物來描寫整個時代的構想。這時，《滅亡》剛剛完稿寄到上海，他打算在《滅亡》前後各加兩部，寫成連續的五部小說，連書名都想出來了：《春夢》、《一生》、《滅亡》、《新生》和《黎明》。誠如作者所言，他這時像一個夢想家，設計出了許許多多的小說和人物。

十月三十日，巴金終於拿到船票啓程離開馬賽。不過，在船上他想著的還是如何寫作後來改名爲《家》的《春夢》。「回國途中，在法國郵船四等艙裡，我就有了寫《春夢》的打算。爲我大哥，爲我自己，爲我那些橫遭殺害的兄弟姐妹，我要寫一本小說，我要爲自己，爲時代的年輕人控訴。」⑬這是一個巨大的轉變。兩年前，巴金在赴法途中，抱定的是研究無政府主義的理論和運動，而現在，他似乎要選用創作來作爲他的主要生活方式了。

【註　釋】

① 巴金：《答法國〈世界報〉記者皮埃爾·讓·雷米問》。
② 巴金：《我的哥哥李堯林》。
③ 巴金：《〈海行雜記〉序》。
④ 巴金：《再見吧，我不幸的鄉土喲》。
⑤ 巴金：《海行雜記·兩封信》。
⑥ 巴金：《寫作生活底回顧》。
⑦ 巴金：《〈人生哲學：其起源及其發展〉譯者序》。
⑧ 同註⑦。
⑨ 同註⑦。
⑩ 巴金：《談〈滅亡〉》。
⑪ 同註⑩。
⑫ 巴金：《談〈新生〉及其它》。
⑬ 巴金：《關於〈激流〉》。

第四章　信仰與創作的對接

一、重回上海

一九二八年十二月上旬，巴金回到了上海。初住旅館，後在好友索非的幫助下，在鴻興坊上海世界語學會的屋子裡住了半個月。後來又與索非一起遷至寶山路寶光裡十四號居住。索非夫婦住樓上，巴金住樓下。一直住到一九三二年一月下旬閘北陷於日軍炮火之後，巴金才離開這裡。

初回上海，巴金並沒有按照在歸國途中所設想的創作路子走下去，而是首先表現出對無政府主義運動的熱情。

不過，二九、三〇年上海的無政府主義運動已經進入尾聲，與兩年前他編《民眾》的時代不可同日而語。吳稚暉、李石曾等老牌無政府主義者，已經背叛了他們的主義，與政府同流合污。而一些不甘寂寞的年輕無政府主義者，如巴金的好友吳克剛、衛惠林、盧劍波等等，都去了內地鄉村或小城市。巴金感到了莫名的悲哀和孤獨。唯一與巴金能保持聯繫的只有一家自由書店。這是由幾位同情於克魯泡特金學說的人捐款創辦的，巴金參加了進去，並以馬拉的名字，在自由書店編一份《自由月刊》，專門介紹自由書店出版的各類書籍。儘管這是一份無足輕重的無政府主義刊物，巴金在上面也只是發表一些書評、廣告和雜感，但出刊第四期時就被查禁。巴金很快結束了在這裡的工作。

三〇年夏天，大約四十位來自全國各省的無政府主義者齊聚杭州西湖，共商無政府主義的宣傳工作。巴金也參加了。「一九三〇年我第一次遊西湖，在一個月夜，先到三潭印月，彷彿在做一個美麗的夢。」①這個後來經常被巴金稱爲美麗的夢的西湖聚會，是中國無政府主義運動者爲這一運動所作的最後努力。其結果是創辦《時代前》月刊，由衛惠林、巴金主編，鄭佩剛任發行人。巴金在上面發表了幾篇有關俄國虛無主義、克魯泡特金的小文章。但半年後，畢竟無政府主義運動在中國已沒有多少響應，《時代前》也就悄悄地消亡了。

在從事《自由月刊》、《時代前》兩刊物編輯工作的同時，巴金還著手翻譯了克魯泡特金的《人生哲學：其起源及其發展》下編，以及克魯泡特金的《我的自傳》。前一部的上編是在法國完成的，現在回到上海後繼續譯完。後一部《我的自傳》，是巴金自稱最喜歡的一本書。他說：「這是我最喜歡的一部書，也是在我底知識發展上給了極大的影響的一部書。我能夠把它譯出來介紹給同時代的年青朋友，使他們在困苦的環境裡從這書得到一點慰藉，一點鼓舞，並且認識人生的意義與目的，我覺得非常高興。」②他認為托爾斯泰和克魯泡特金是俄國僅有的兩個偉人。他勸弟弟李堯棣把這本書當作終身的伴侶，要像克魯泡特金那樣去生活，去工作，去愛人，去幫助人。

就是這樣，在巴金最初回國的一、二年間，他像一個虔誠的宗教徒，不厭其煩地傳播著無政府主義的理論與主張。儘管寂寞、孤獨、不被理解，但他都在所不惜。

唯一使他愉快與熱鬧的，是二九年七月大哥堯枚從四川成都來到上海。

這是巴金離家六年後與大哥的首次重逢。兄弟倆抵足而眠，談到了三姐堯彩的慘死，談到了二叔李道溥一心想繼承祖業，卻終於回天無術，最後抑鬱而死的經過。大哥還希望巴金和堯林回到成都去，重振家業。聽著大哥的敘說，巴金深深感到弟兄之間的友愛，也理解了這六年來大哥為擔負家庭的重擔而承受的種種痛苦。然而，巴金還是不可能跟著大哥回去。他有他的追求，而這種追求是屬於全人類的，並不是一個人的小家。他告訴大哥想寫一部《春夢》，以他家的事情為背景，來揭示一個封建大家庭的沒落歷史。沒想到，大哥堯枚竟是十分贊同，鼓勵巴金不要怕得罪人，趕快寫出來。這有些使巴金感到意外。大哥回成都後，還寫了信來鼓勵巴金動筆：「《春夢》你要寫，我很贊成；而且以我家人物為主人翁，尤其贊成。實在的，我家的歷史很可以代表一切家族的歷史。我自從得到《新青年》等書報讀過以後，我就想寫一部書。但是我實在寫不出來。現在你想寫，我簡直歡喜得了不得。我現在向你鞠躬致敬。希望有餘暇把它寫成吧，怕什麼！《塊肉餘生述》若怕，就寫不出來了！」③這是大哥對巴金的期待，他希望巴金拿出狄更斯創作《塊肉餘生述》的勇氣與精神完成《春夢》的創作。

在上海，大哥呆了一個多月。臨行前，巴金買了大哥非常喜歡聽的女歌唱家格雷西・菲丁的唱片〈寶貝兒子〉送給他，以作紀念。當巴金乘著小划子將大哥送到停靠在黃浦江中的大船時，大哥喊住了他，一定要將那張〈寶貝兒子〉的唱片給巴金留下，他知道巴金也喜歡這首歌曲。巴金接下了唱片，含淚相送著大哥遠行。他們兩人怎麼也沒有想到，這竟是他們的最後一面，回川後一年多大哥就自殺了。

不過，這時巴金並沒有按照大哥的想法投入到《春夢》的寫作。在他的面前，還有更美好的理想呢。

二、南國的夢

一九三〇年八月，巴金接到福建泉州黎明高中吳克剛的來信，邀請他去作客。

吳克剛是巴金在法國時極爲熟識的老朋友，一個積極的無政府主義者，現回國擔任黎明高中的校長。這是一所令巴金十分嚮往的學校，校址是原來的武廟，由海外僑胞捐款建造而成，學生多是華僑子弟和貧苦家庭出身的孩子。這裡的教師衛惠林、陳范予、陳君冷、范天均、許謙等，大都是三十歲左右的青年。他們覺得「五四」運動反封建沒有徹底，封建流毒還在侵蝕著人們的頭腦。他們不願意在污蝕的社會中虛度一生。他們把希望寄托在年輕一代身上，試圖安排一個比較乾淨的環境，創造一種比較清新的空氣，把學校辦成一個和睦的大家庭，彷彿生活在一個沒有剝削的理想社會之中。這是中國無政府主義運動在城市受到鎮壓，一批不甘寂寞的年青人在鄉村所進行的新的嘗試。

巴金來到黎明高中，置身於這批年輕的無政府主義者之中，眞正感受到集體的溫暖和理想的崇高。他看著他們辦報紙，搞教育，建立總工會、人力車工會、婦女會、學生會，過著忙碌而充實的生活。他覺得在這裡每個人都不爲個人的事情煩心，每個人都沒有一點顧慮。他們的目標是「群」，是「事業」。這正是巴金夢寐以求的安那其的社會。他激動起來，有時也忘情地投身其中。事後，他曾這樣描述著：「有一個時候，我的確在那些好心的友人中間過了一些日子。我自己也彷彿成了故事中的人物。白天在荒涼的園子裡草地上，或者寂寞的公園裡涼亭的欄杆上，我們興奮地談論著那些使我們熱血沸騰的問題。晚上我們打著火把，走過黑暗的空巷，聽見帶著威脅似的狗吠，到一個古老的院子去推油漆脫落的木門。在那陰暗的舊式房間裡，圍著一盞發出微光的煤燈時，大家懷著獻身的熱情，準備找一個機會犧牲自己。」④這是一幅神聖且略帶神秘的烏托邦的生活畫面。巴金日夜憧憬的不就是這麼一幅美麗的畫面嗎？

在一篇〈南國的夢〉的文章中，他以詩情畫意的筆調描繪了這次難忘的南國之行。「白天我們到外面去，傍晚約了另外兩三個朋友來。我們站在露台上，我靠著欄杆，和朋友們談論改造社會的雄圖。這個窄小的房間似乎容不下幾個年輕的人和幾顆年輕的心。我的頭總是向著外面。窗下展開一片黑暗的海水，水上閃動著燈光，飄蕩著小船。頭上是一片燦爛的明星。天沒有邊際，海也是。在這樣偉大的背景裡，我們的心因為這熱烈的談論而無法安靜下來。有一次我們抑制不住熱情的奔放，竟然匆匆地跑下碼頭，雇了划子到廈門去拜訪朋友。」這是多麼盎然、充滿生機的生活啊！在巴金的生活中，我們從來沒有發現有哪一次生活情景令他如此陶醉，如此心花怒放。無怪乎，巴金後來反復講到這是他「一生中最快樂的日子」⑤，他把最快樂的日子留在了福建泉州的黎明高中。

不過，黎明高中的生活也並不是一塵不染的。在那裡，他也接觸到黑暗，接觸到壓抑人性的專制力量。

麗尼是巴金在黎明高中結識的一位後來成為散文作家的朋友。他當時在黎明中學任教，只是個二十出頭的小伙子，與一位姓吳的女生戀愛上了。這段兩情相悅的美好愛情，發生在青春氣息濃郁的黎明高中是再正常不過的事情。然而，吳姓姑娘的家長卻極力反對這樁婚事，硬是將她許配給當地有錢的老板，並動用社會關係將麗尼趕出學校。姑娘衝出家門，願意與麗尼遠走高飛，然而他卻遲疑不決，婉拒了姑娘的要求。她只得退回家中，抑鬱而死。這是巴金見到的眞實故事。後來他以這一故事爲題材，寫成中篇愛情小說《春天裡的秋天》，向著垂死的社會發出控訴的呼聲。

後來，在一九三二年四月和一九三三年五月，巴金又兩次去泉州。然而熱鬧一時的黎明高中已不復往日的氣象，走的走，散的散，直到被當局強迫解散。只是在巴金心中，留下了一個永遠難以忘懷的遙遠而美麗的南國之夢。

三、《家》

一九三一年四月上旬，巴金開始寫作給他帶來極大聲譽的重要代表作《家》。至於《家》的創作經過，還需要給讀者做個簡要交代。

當時巴金與索非仍住在寶山路寶光里的一間房子裡。索非除在開明書店任職外，還兼任上海世界語學會秘書。由他介紹，巴金也參加了世界語學會，並與世界語學會的朋友有了交往。有一天，一位世界語學會的朋友火雪明找到巴金，問他是否願意給上海《時報》寫一部連載小說。火雪明與報界聯繫較多，他的一個朋友吳靈緣正在《時報》編發長編連載小說稿件。巴金有些意外，忽然想到在法國回國船中曾經打算創作的《春夢》，前不久大哥來滬時還反覆催促他趕快動筆。於是，他爽快地答應了火雪明的約稿，約定每天發表一千字左右。

巴金先寫了〈總序〉和前兩章〈兩兄弟〉和〈琴〉。在〈總序〉中，他認爲「我的周圍是無邊的黑暗，但是我並不孤獨，並不絕望。我無論在什麼地方總看見那一股生活的激流在動蕩，在創造它自己的道路，通過亂山碎石中間。」因此，巴金宣稱：「我還年輕，我還要活下去，我還要征服生活。我知道生活的激流是不會停止的，且看它把我載到什麼地方去！」正是這種在無邊黑暗中陡然湧起的搏鬥精神，巴金忽然覺得不願意再寫消逝的渺茫的春夢，而是要寫奔騰的生活的激流。於是，他把這部連載小言定名爲《激流》，並連同前兩章交給了火雪明，請他轉交吳靈緣編輯，並問如此寫法是否可行。

吳靈緣肯定了巴金的創作，並希望他迅速供稿。一九三一年四月十八日，《激流》在《時報》第五版開始連載。吳靈緣還在報上刊登大字標題，稱作者爲「新文壇巨子」。這一稱號儘管出於商業上的考慮，但對於擴大《激流》的影響，提高巴金的知名度，也確實有一定的作用。

也就是在十八日這一天，巴金開始寫《激流》第六章〈做大哥的人〉。他以大哥堯枚爲原型，希望大哥讀到它後振作起來。他這樣寫道：「在舊社會裡，在舊家庭裡，他是一個暮氣十足的少爺；他跟他的兩個兄弟在一起的時候他又是一個新青年。這種生活方式當然是他的兩個兄弟所不能了解的，因此常常引起他們的責難。但是他也坦然忍受了。他依舊繼續閱讀新思想的書報，繼續過舊式的生活。」這正是大哥堯枚生活的眞實寫照。巴金記住大哥的期望，他想讓這部小說成爲一個封建大家庭沒落的歷史，並讓大哥從中警醒起來，走出這個封建的牢籠。

然而第二天下午，他剛剛寫完〈做大哥的人〉，就收到電報，驚悉大哥堯枚於十八日在成都服毒自殺的惡噩。他萬萬沒想到一直勸巴金儘快寫出這部小說的大哥，竟然在他剛動筆不久就離開了人間。「讀完電報我懷疑是在做夢，我又像發痴一樣坐了一兩個鐘頭。我不想吃飯，也不想講話。我一個人到四川路，在行人很多、燈火輝煌的人行道上走來走去。」「我的努力剛開始就失敗了。又多了一個犧牲者！我痛苦，我憤怒，我不肯認輸。……死的人我不能使他復活，但是對那吃人的封建制度我可以進行打擊。我一定要全力打擊它！我記起了法國革命者喬治・丹東的名言：『大膽，大膽，永遠大膽！』。」⑥

巴金回到家中，拿起筆寫小說的第七章〈舊事重提〉。大哥去世了，對自己出生的家庭已經沒有什麼顧慮，他決心用筆挖自己老家的墳墓。他重親調整了小說的結構，決定以覺新爲中心，爲許多屈死的冤魂發出自己的控訴。我們設想，如果大哥不是在這個時候去世，或者根本沒有自殺，那麼呈現在讀者面前的《家》，當會是另外一種面目吧？

至於大哥自殺的原因，巴金是在兩個月後收到家中寄來的遺書才知道的，資料難得，還是看看大哥遺書中是怎麼說：「無如我求速之心太切，以爲投機事業雖險，卻很容易成功。前次我之所以失敗，全是因爲本錢借貸而來的，要受著時間和大利的影響。現在我們自己的錢存在銀行裡一樣收利，我何不借自己的錢來做，一則利息也輕，二則不受時間影響。……所以陸續把存放的款子提取出來作貼現之用，每月可收一百幾十元。做了幾個月很是順利，於是我就放心大膽地做去了。……誰知年底一病就把我毀了（因爲好幾家銀行倒了）。等病好出外一看，才知道我們的養命的根源已經化成了水。既是這樣，有什麼話說。所以我生日那天請大家看戲後就想自殺。但是我又實在捨不得家裡的人，多看一天算一天，混一天，現在混不下去了。我也不想向別人騙錢來用。算了吧，如果活下去，那才是騙人呢？……」⑦他是服毒藥而死的。死時神色安定，旁邊還睡著他的一個小女兒。

《激流》在《時報》連載了五個多月，發表到輲玨離世一節時，忽然就停刊了。一方面是當時的戰局緊張，版面較擠，另一方面是編輯埋怨小說寫得長了一些。巴金覺得大家庭崩潰的局面應該有所交代，並願意放棄稿酬，希望報紙儘快把小說登完。一九三二年五月二十二日，這個前後歷時一年多的《激流》終於在《時報》上登載完畢。

巴金考慮把《激流》寫成多卷本的系列小說，而現在僅僅只是描寫封建大家庭的故事，於是他這些連載的篇章定名爲《家》，交上海開明書店出版。從而，這部影響了無數青年人衝出家庭、走向社會的長篇小說終於正式問世了。

四、愛情三部曲

當《家》在《時報》上連載時，巴金還以驚心的毅力同時創作另一部中篇小說《霧》。在一九三二年底，又完成了中篇小說《雨》。一九三三年，寫成中篇小說《電》。後來巴金將三部中篇小說合起來，用《愛情三部曲》爲書名，由上海良友圖書出版公司出版。

《愛情三部曲》是巴金最喜愛的作品。一九三五年，巴金曾在《愛情三部曲》的總序中，悄悄地向讀者披露了這樣的秘密：「我不曾寫過一本叫自己滿意的小說。但在我的二十多本文藝作品裡面卻也有我個人喜歡的東西，那就是我的《愛情三部曲》。這句話我從不曾對人說過，我從不曾把我這靈魂的一隅打開給我的讀者們看過，因爲我覺得這完全是個人的私的事情。」當時，《家》已經正式出版，並在文壇和廣大讀者中引起強烈反響，而巴金爲什麼獨獨喜歡這部發表並不怎麼轟動的《愛情三部曲》呢？

對於這個三部曲，巴金曾有過一段明白的交代。他說：「因爲我打算拿愛情作這三部連續的小說的主題。但這和普通的愛情小說並不相同，我所注意的乃是性格的描寫。我並不是單純地描寫著愛情事件的本身；我不過借用戀愛的關係來表現主人公的性格。在我們現在所處的環境裡這也許是一種取巧的寫法。但這似乎是無可非難的。而且我還相信把一種典型的特徵表現得最清晰的並不是他的每日的工作，也不是他的話語，而是他的私人生活；尤其是他的愛情事件。」⑧這很清楚地表明了，作者只是借愛情爲幌子，眞正想表現的是人物的性格。《霧》中留學生周如水與張若蘭的戀愛故事，《雨》中吳仁民的三角戀愛，《電》中李佩珠和吳仁民的相愛，作者著力想描寫的並不是這些愛情事件本身，而是在這愛情事件中反映出來的人物性格與思想。

當時巴金二十八、九歲，正是渴望愛情，需要愛情的季節，然而，當時的巴金是反對愛情的。當他原先十分敬仰的無政府主義者沈仲九戀愛結婚後，他憂心忡忡地「耽心愛情會毀壞他的一切」。他是長期恪守著「心社」戒律的。因此，在某種程度上看，「愛情」在這裡成了檢驗信仰和主義的標尺。《霧》中的青年陳眞，據巴金說有點像他。小說中的陳眞，爲了大衆，勞苦地工作，不顧自己的家庭，犧牲了個人的青春、愛情和健康。即使身患肺病，也在奮不顧身地拼命工作。他認爲自己沒有戀愛的權利，在充滿青春活力的女性的挑逗面前，他也想到自己的責任，戰勝了愛情的誘惑。這是巴金心目中勇敢的安那其的形象。他以陳眞自喻，並以此感到驕傲。

在《愛情的三部曲》中，巴金最喜歡的是《電》。故事的背景是巴金曾去過三次，並留下極爲美好印象的福建古城泉州。且看一段作者對街景和人物的描寫：

街上清靜，沒有別的行人。全是石板鋪的窄路。青草在路邊石板縫裡生長。陽光染黃了半段牆頭。幾株龍眼樹從舊院子裡伸出頭來。空氣中充滿了早晨的香氣。這兩個青年（李佩珠和賢）正迎著太陽走，把大半個身子都沫浴在光明裡面。

他（賢）的眼前的一切全是鮮明的、清潔的。他的心也是這樣。他是這樣的一個青年：他沒有悲哀，他沒有憎恨，一隻溫暖的手常常愛撫他，給他掃去了一切。這隻手不是一個的，是許多人的。

多麼美好、清新的早晨啊！連剛剛升起的太陽都是那樣聖潔。走在這裡的青年沐浴著群體的溫暖和友愛，充滿著歡愉的情緒。這段描寫，不用說得自於巴金那段甜蜜的南國之夢，是他自我生活的眞實寫照。因此，如果說《家》反映的是巴金老家的生活，充滿著憤怒的控訴，那麼《愛情的三部曲》則表現的是他信仰無政府主義以後，與他在一起生活、工作、努力的同志，更多的是理解與溫暖。

再看《電》中一段對「死」的理解和描寫：

「死並不是一件難事，我已經看見過好幾次了。」這是他（敏）在熱鬧的集會中說的話。

「我問你，你有時候也曾想到死上面嗎？你覺得死的面目是個什麼樣樣？」他臨死的前夕這樣問他的女友慧道。

慧只看見一些模糊的淡淡的影子。敏卻懇切地說：「有時候我覺得生和死就只離了一步，但有時候我又覺得那一步也難跨過。」

這幾段話，在一般讀者眼中可能只是作者的隨意闡釋而已，然而在巴金卻是經過千錘百煉，熬盡心血的。他覺得自己「有了十年的經驗，十年的掙扎，才能夠寫出這樣的短短的幾句話。」⑨他不止一次地說過，《愛情的三部曲》裡面活動的人物都是他的朋友，讀著它們，就像和許多朋友在一起生活。因此，「這三本小書，我可以說是爲自己寫的，寫給自己讀的。我可以毫不誇張地說，就在今天我讀著《雨》和《電》，我心還會顫動。」⑩對於青年時代的熱情，誰能夠羞愧而後悔吆？對於發誓效忠過的信仰和主義，誰能夠覺得荒唐與可笑吆？

巴金不願意辜負他的信仰，不願意浪費他的熱情。他最愛的是《愛情三部曲》。

五、靈魂的呼號

《家》、《愛情三部曲》的發表，以及《春天裡的秋天》、《砂丁》、《新生》等小說作品的問世，巴金眞正成了新文壇的巨子，受到出版界、讀者的廣泛注意，形成了巴金創作中的一個高潮期。

不過値得注意，在這些創作成就面前，巴金並沒有流露出一絲一毫的得意之情，而是充滿了痛苦和矛盾的掙扎。他說：「我的文學生命的開始也是在我的掙扎最絕望的時期。」⑪因爲痛苦，因爲絕望，才有了他的作品，也才有了被人們稱爲作家的巴金，這是爲什麼呢？

一九三二年一月二日，巴金在日記中以絕望的心情作了這樣的自我解剖：

> 奮鬥、孤獨、黑暗、幻滅，在這人心的沙漠裡我又走過一年了。心呵，不要只是這樣地痛吧，給我以片刻的安靜，縱然是片刻的安靜，也可以安舒我的疲倦的心靈。
>
> 我要力量，我要力量來繼續奮鬥。現在還不到撒手放棄一切的時候，我還有眼淚，還有血。讓我活下去吧，不是爲了生活，是爲了工作。
>
> 不要讓霧來迷我的眼睛，我的路是不會錯誤的。我爲了它而生活，而且我要不顧

一切的人，繼續走我的路。

心呵，不要痛了。給我以力量，給我以力量來抵抗一切的困難，使我站起來，永遠的站起來，一個人站在人心的沙漠裡。

記著你允許過凡宰地的話，記著他所警告過你的。不要使有一天你會辜負那死了的他。

現在我們可以明白了：巴金還記著他的安那其的信仰，還沒有忘記在法國接到凡宰地來信時所發出的永遠獻身於信仰的誓言。而現在，到底爲信仰做了多少事情呢？對得起那位已經死了的凡宰地嗎？

還記得那位與巴金同船去法國的衛惠林嗎？這位曾經十分激進的無政府主義者，在回國以後卻是一天天地泯滅了他的理想，成了一位穩重有餘而熱情不足的大學教授。這時，巴金正好收到他的來信，在回信中，巴金這樣寫道：

我承認你是一個比較了解我的人。我們又曾經在一起渡過一部分的生涯，我們在一起爲了一個共同的目標奮鬥過。你不記得在巴黎旅館的五層樓上我們每晚熱烈地辯論到夜深，受著同居者的干涉的事情嗎？在那些時候，我們的眼前現露著黎明的將來的美景，我們的胸裡燃燒著說著各種語言的朋友們的友情。我常說在人的身上我看出了理想的美麗，我在寫給倫敦友人的信上就常常用了embody（體現）這個動詞。你還記得那些可祝福的日子嗎？但是現在我們漸漸地分離了。生活改變了你的性格，你是漸漸地老了。

我沒有什麼改變，不過身上心上多了一些創痛……

對於這位老朋友的改變，巴金的悲哀是無可名狀的。他覺得與衛惠林之間的距離拉大了，衛已沒有美麗的理想。而巴金，儘管他自己聲稱沒有改變，然而，他心中的矛盾、痛苦，乃至疑慮，確實是在一天天地加重。

他走上文學道路，並不是因爲對文學抱有什麼根深蒂固的理想，也從來沒有想過要在文學上有什麼作爲。他所看重的，只是借文學來發洩他心中的情感，至多也只是以文學爲載體來宣傳、記錄他的信仰與主義。因此，巴金一再聲明他不是一個作家，而且也不想成爲一個作家。不過，作爲一個無政府主義者的巴金，他除了文學之外還能做些什麼呢？他不善言談，缺乏宣傳鼓動的能力。他又身體欠佳，不能參加實際的政治鬥爭。所以，用筆代言，用筆奮鬥，把信仰與創作對接起來也似乎是他的唯一選擇。他曾揭示過自己在文學與信仰之間的矛盾：「有一種比藝術更有力的東西引誘著我，它隨時都會把我拉去，使我完全拋掉文學的製作。我時時刻刻都在和它戰鬥，但時時刻刻都預備著屈服，我的生活就是在這種矛盾中過去……」⑫這就是三十年代初期巴金的矛盾。這種矛盾使他痛苦，使他憔悴不堪。

一九三三年，他向中斷了五年通信聯繫的高德曼寫信，向這位「精神上的母親」傾訴心中的苦悶：

> E.G.，我沒有死，但是我違背了當初的約言，我不曾做過一件當初應允你們的事情。我一回國就給種種奇異的環境拘囚著，我沒有反抗，卻讓一些無益的事情來消磨我的精力和生命……
>
> E.G.，這五年是多麼苦痛的長時間呵！我到現在還不明白我是怎樣把它們度過的。然而那一切終於遠遠地退去了，就像一場噩夢。剩下的只有十幾本小說，這十幾本書不知道吸吮了我的若干的血和淚。⑬

如果一個文學青年在短短幾年中出了十幾本小說，那該是如何的高興啊！然而，巴金不是一個文學青年，他是一個安那其主義者。爲此，他感到羞愧，感到痛苦，感到無所適從。

六、北京的生活

從巴金自法國歸來到一九三四年赴日本的這段時間中，他還有兩次北方之行。與尋求南國之夢不同的是，他在北方的生活則更帶有文人的味道。

第一次北上是在一九三二年九月。

起因是由於沈從文的邀請。沈從文是中國現代文學史上的一位重要作家，發表作品的時間比巴金還略早。有一次，南京《創作月刊》的編輯來上海向巴金約稿，是在一家俄國人辦的西菜館裡，席間有一位青年，便是沈從文。從此，巴金與沈從文相交甚密，成爲文壇上的一對諍友。當時沈從文在青島大學任教，他邀巴金到青島去小住一陣子。於是，巴金便來到了青山綠水、翠樹紅樓的海濱城市青島。在沈從文的住處過了一個星期愉快的生活。

接著，巴金到了北平，住在散文家繆崇群的家裡。繆崇群當時是南京《文藝月刊》的編輯，一九三一年在南京時與巴金結識。在三十年代初期，繆崇群、沈從文是巴金在文藝界兩位最友好的朋友。這次繆崇群在北京，是爲了料理父親的喪事。繆崇群陪巴金看電影、逛故宮，談得相當盡興。不過，對於故宮裡的稀世珍寶，巴金有些不以爲然。他甚至覺得，可能正是這麼許多沉重的古董，妨礙了祖國前進的步伐呢。

幾天後，巴金由北平到了天津。那是他三哥堯林生活的地方。堯林從北平燕京大學以優異的成績畢業後，來到天津的南開中學做英文教師。大哥自殺後，成都老家的生活重擔便落到了他的身上，他按月將八十元薪水的一半寄回去。爲了這，他節衣縮食，過著清貧的單身漢的日子。見到這般情景，回國後這幾年一直雲遊飄泊、四海爲家的巴金，不禁怦然心動：

是三哥默默地接替了大哥留下的重擔，而自己竟沒有想到盡一點責任。不久回上海，巴金在整理散文集《海行雜記》時，以沉痛、思念的心情寫道：「獻給我的在粉筆灰裡度歲月的三哥，祝他永遠健康，祝他永遠幸福。」

巴金第二次北上的時間，是在距離一年之後的一九三三年九月。這次在北方的時間比較長，除年初曾回過一次上海外，直到一九三四年的七月才離開北平。

這一次的原因仍然是因爲沈從文。

一九三三年九月，沈從文和張兆和在北平中央公園的水榭舉行婚禮。當時巴金剛從南方旅行回來，沒來得及趕上他們的婚禮，只是拍了個「幸福無量」的賀電，表示誠摯的祝賀。新婚後，沈從文專門寫信給好友巴金，邀他到北平的新居住一陣子。巴金欣然而往，在天津下車看望了一下三哥堯林後，便來到了北平，住在有一株棗樹和一株槐樹的北平西城達子營的沈從文新居。

當時沈從文已經離開了青島大學，在北平編《大衆報》的《文藝》副刊。由於沈從文的關係，巴金一下子結識了不少京派作家和學者。鄭振鐸、章靳以、蕭乾、李健吾、朱自清、周作人、楊振聲、何其芳等人，都是在這時相識或加深了解。這似乎有些奇怪：巴金在南國泉州等地交往的都是一批熱衷於信仰的無政府主義者，而在北平的生活則是一個標準的文人圈子。

十月，剛來不久的巴金與鄭振鐸、章靳以籌辦了一個大型文學期刊。這便是後來在中國現代文學史上發生過重大影響的《文學季刊》。鄭振鐸是文學研究會的成員，屬於前輩作家，而章靳以則比巴金小五歲，在上海復旦大學讀書時就相識。他們爲《文學季刊》事，整日奔忙。「我們每天晚上對著一盞台燈，坐在一張大寫字台的兩面，工作到深夜。有時我們也放下工作閒談，談名人走過的道路和生活裡的悲哀。」⑭這是後來巴金回憶他與靳以在一起編輯《文學季刊》的情景。有一次，巴金還以靳以一起到著名女作家冰心家去約稿。靳以熱情開朗，有說有笑，而巴金也想說兩句客套的話，但就是怎麼也想不出來。

最難得的是巴金「發現」了劇作家曹禺。曹禺，原名萬家寶，與章靳以是天津南開中學的同學。他寫了一部劇本《雷雨》，放在靳以的抽屜裡已兩年時間了。巴金翻看一下，頓時驚住了。「我感動地一口氣讀完後，而且爲它掉了淚。」他「感到一陣舒暢，……一種渴望，一重力量在我身內產生了。」⑮巴金認定這是一部相當優秀的創作，建議迅速刊用。一九三四年七月，《雷雨》終於在《文學季刊》第一卷第二期上刊出。一個傑出的劇作家由此誕生了。

一九三四年四月，當時在清華大學讀研究生的曹禺，利用春假到日本去旅歷了一個星期。

回來後，興味盎然地向巴金談起在日本所見的情況。這不免引起了巴金的興趣。他陡然萌生了去日本看看的念頭。

這個念頭使他遠離祖國，開始了九個月的日本之行。

【註　釋】

①巴金：《又到西湖》。
②巴金：《〈我的自傳〉新版前記》。
③巴金：《關於〈激流〉》。
④巴金：《黑土》。
⑤同註④。
⑥同註③。
⑦巴金：《做大哥的人》。
⑧巴金：《〈愛情的三部曲〉總序》。
⑨同上。
⑩同上。
⑪巴金：《〈雨〉自序》。

⑫ 巴金：《作者的自剖》。

⑬ 巴金：《〈將軍〉序》。

⑭ 巴金：《他明明活著》。

⑮ 巴金：《〈蛻變〉後記》。

第五章　心靈的迷惘與抗戰烈火

一、日本之行

提起去日本的原因，巴金總是淡淡地說是因爲對日本有些新奇，並想順便去學習一下日文。無疑，這肯定是巴金決定去日本的一個重要原因。不過，如果深究一下，可能也還有更深層次的考慮。

經過從法國回國後五年的辛勤創作，巴金已經發表有《家》、《新生》、《愛情三部曲》等大量的作品，成爲三十年代文壇上異軍突起的一顆耀眼新星。然而，如前所述，巴金由於志不在此，他並不想成爲一個作家，因此，在一段時間的創作熱情高漲之後，尤其是在受到文壇的一些非議與誤解時，他便決定擱筆，重新思考一下自己的人生道路。

在一九三四年六月寫作的一篇〈我希望能夠不再提筆〉的文章中，他沉痛地傾訴了自己的苦悶心靑：「社會現象一根鞭子在後面驅逐著我，要我拿起筆」，然而，這些吸吮著他的血液的作品到底又有多少的作用呢？他覺得自己對文學是一個外行人，不願意與那些「文豪學士高視闊步地走進文壇」。他公開宣稱，他想擱筆，想保持沉默了。而這時他的日本之行，應該會有自覺地遠離文壇的念頭吧？

當時巴金的朋友吳朗西、伍禪，都曾在日本學習過，他們建議巴金住到日本朋友的家裡，這樣可以方便些。吳朗西寫信給在日本念書時熟識的武田，詢問他是否願意在家裡接待一個叫「黎德瑞」的中國書店職員。不久回信來了，武田歡迎這樣一位中國客人。

爲什麼要改名黎德瑞呢？因爲當時中日關係緊張，巴金不想暴露自己的眞實身份。而「黎」與巴金的原姓「李」在日本人讀起來沒有區別，聽起來，可能不致於忘了應答。

一九三四年十一月二十二日，巴金獨自一個離開上海，乘「淺間丸」號輪船，經過兩天的航行到了日本的橫濱。在碼頭上，很順利地找到了打著「歡迎黎德瑞先生」小旗的武田先生。他熱情地把巴金安排在他家那間精致的小書方裡。

武田是日本橫濱一個高等商業學校的副教授，曾到北平進修過中文，對中國人有一定的好感。他對中國現代女作家凌叔華患有嚴重的單相思，甚至把凌叔華在報上發表的寫給外國讀者的信都一一珍藏著。他相信神靈，他對巴金說，神告訴他凌叔華也在想念他。對於這位好客的日本友人，巴金在內心裡是感激的。但是，他受不了武田整日的念經聲。有一次，巴金已經熟睡了，武田忽然推門進來，說屋子裡有鬼，他來念經把鬼趕掉。三個月後，巴金終於忍受不了這種裝神弄鬼的生活，透過一位在早稻田大學讀書的廣東朋友，在東京中華青年會的樓上找到了房間，搬到了東京。在東京，一直住到三五年八月回國。

在日本，巴金確實中止了他的小說創作。除寫了幾篇以武田先生爲原型的紀實型短篇小說以外，他再沒有其他的中篇或長篇創作。他用更多的時間來思考與總結自己的思想，寫出了一批反省性的散文和雜感。在散文〈月夜〉中，他追懷了在泉州、晉江月夜和朋友們相聚的難忘日子，認爲是自己心靈中最値得細細品味的美好畫面。〈囈語〉則用象徵的手法，揭示出在這個充滿著把幻想當現實的社會裡，自己看不到光，看不到愛，他只能咬緊牙關默默地與這種黑暗抗爭。而在〈過年〉中，忽然感到自己的疲倦與衰老，青春已剩下回憶，自己只能以創傷的心走著人生的險途。這一系列散文，是巴金寂寞的心語，也是他在信仰與現實遭遇以後，對自己所曾堅定不移的信仰與主義的反思。可以這樣認爲，作著日本之行的巴金，其實正在進行著他的信仰與人生觀的一次自我解剖與檢視。

最能使他信仰發生動搖與轉變的，還應該是他在日本日益增強的民族情緒。

還是剛到日本不久的一天，他在橫濱一家書店裡購買了森歐外、島崎藤春、芥川龍之介等日本作家的作品。無意間，他在芥川龍之介的作品中看到這樣一段話：「現代的中國有什麼東西呢？政治、學問、經濟、藝術，不是全部墮落了嗎？尤其是藝術，嘉慶道光以來果眞有一件可以自豪的作品嗎？」巴金讀後，極爲氣憤。儘管他在故宮時自己也曾輕蔑過自己的文化傳統，然而，當這樣的輕蔑出自一個外國作家之口時，他簡直是忍無可忍。他幾乎不容考慮地拿起筆來，批駁了芥川龍之介的繆論，並聲言「日本文學實在無足觀。」①

更使巴金惱火的，是三五年四月他在東京被日本特務拘留一事。當時，由日本扶持的僞滿洲國皇帝訪問日本，日本報刊上大肆發表文章攻擊中國。一天凌晨，幾個日本特務突然衝進巴金的宿舍，蠻橫檢查，在沒有找到任何「罪證」的情況下，他們將巴金帶到拘留所的囚室裡關押了整整一天。特務給巴金的代號是「七十八號」。對於這種粗暴的行徑與恥辱的代號，巴金感到了從來沒有過的憤怒與痛恨。他覺得在日本人權沒有保障，他想離開東京回到自己的祖國。

這些似乎偶然的事件給了巴金極大的刺激。他的理想是每個人都有麵包吃，都有房屋住，然而，現實生活中的人卻竟這麼容易被剝尋掉人的權利。他在憤怒之餘，也隱隱感到了安那其主義的虛妄。這時，他正好接到上海吳朗西的來信，獲悉吳與郭安仁、伍禪等人正在籌辦《文化生活叢刊》，邀請他回國擔任該叢刊主編。

於是，巴金便打算回國。他在日本這一時期的思想探索與總結，也似乎有了一個頭緒。在〈信仰與生活〉一文中，儘管仍強調自己並不會放棄安那其的思想，然而，我們聽起來卻總是有些動搖與恍惚：「如今我的信仰並沒有改變……但是那個小孩子的幻夢已經消失了。」

二、自己的園地

從某種意義上看，巴金的信仰確實沒有改變。

這次吳朗西、伍禪等人請他回國任文化生活出版社的總編輯，其實正是他南國之夢的繼續。儘管巴金也曾一時衝動，打算到革命熱情高漲的西班牙去參加實際的政治鬥爭，那是一場由許多安那其主義信仰者積極組織與發動的革命。不過，巴金最終還是沒有去成。在前文我們已經說過，巴金其實並沒有參與實際政治活動的才能。因此，雖然巴金從一開頭並不怎樣看得起文學，只不過是把文學作爲渲洩感情的工具，但隨著時間的推移，隨著「小孩子幻夢」的逐漸清醒，在找不到其他更好的途徑之後，巴金最後還是皈依了文學。他想在文學上發揮與實踐他的信仰。由此可以發現，在這以前，巴金在從事文學創作時往往是一種局外人的態度，而現在倒眞的有幾份將文學作爲自己的園地了。

在文化生活出版社的人員中，吳朗西、伍禪、麗尼、柳靜、陸蠡、楊挹清、俞福祚、朱詵、畢修勺、鄭樞俊等人，其共同的特點是，都傾向或同情於安那其主義。有許多人曾在泉州黎明中學工作過。

文生社成立後的第一個主要工作便是主編《文化生活叢書》。在一九三五年九月二十一日《申報》上的廣告是這樣寫的：

青年們在困苦的環境中苦苦掙扎，爲知識而奮鬥的精神，可以使每個有良心的人流下感激之淚。我們是懷著這種心情來從事我們的工作的。我們的能力異常薄弱，我們的野心卻並不小。我們刊行這部叢刊，是想以長期的努力，建立一個規模宏大的民眾的文庫，把學問從特權階級那裡拿過來送到萬人的面前，使每個人只出最低廉的代價，便可以享受它的利益。

很顯然，文生社所提倡的是爲平民百姓服務的文學。這種主張既是整個文生社的主張，也更是作爲總編輯巴金的想法。《文化生活叢書》共出版五十本書，以翻譯爲主。既有托爾斯泰、車爾尼雪夫斯基、屠格涅夫等外國文學作品的翻譯，也有《俄國虛無主義運動史話》、《獄中記》、《上帝是怎樣造成的》等一些與社會科學有關的書籍。

接著，巴金又著力主編了大型叢書《文學叢書》。這是巴金主持文生社時期最重要、最有影響力的重要叢書，自一九三五年十二月至一九四九年四月，歷時十四年，共計出版了八十六位作家的一百六十一本作品。不僅著名作家魯迅的《故事新編》、茅盾的《路》等重要作品在這裡出版，而且一大批年輕作家，如蕭紅、何其芳、沙汀、艾蕪、麗尼、羅淑、汪曾祺、蘆焚等，他們中許多人的第一部作品都在這裡首次問世。可以說，這套大型叢書對中國現代文學的貢獻是巨大的，其影響決不亞於一個大型文學社團。

在主編《文學叢書》的同時，巴金又與靳以於一九三六年六起共同主編《文季月刊》。其原因主要是由北平《文學季刊》的停止而引發的。這個曾花費過巴金很多精力的《文學季刊》的停刊，最通行的說法是因爲《文學季刊》編委李長之認爲巴金擅自改動他的論文而引起爭執。不過，在我們看來，更深層的原因還在於巴金與另一主編鄭振鐸在編輯思想上的差異所致。

在巴金執筆的《文學季刊》停刊詞中，這樣寫道：「文壇操縱在商人手裡，在商店的周圍聚集著一群無文的文人，讀者的需要是從來被忽視了的。在文壇上活動的就只有那少數爲商人豢養的無文的文人。於是蟲蛀的古籍和腐儒的囈語大批地被翻印而流布了，才子佳人的傳奇故事之類也一再地被介紹到青年中間。」②這顯然是針對與商務印書館關係密切、此時正熱衷於翻印古書的鄭振鐸。巴金宣稱：在這民族面臨「可怕的深淵的邊沿」之際，決不「跟在盲人後面高談文化，或者搬出一些蟲蛀的古籍和腐儒的囈語來粉飾這民族的光榮。我們是青年，我們只願意跟著這一代向上的青年叫出他們的渴望。」③這可能正是巴金與鄭振鐸分岐的癥結所在。

在創作上，巴金這時主要創作了《激流三部曲》的第二部《春》，在《文季月刊》上連載。

在《春》中，巴金繼續以高公館爲背景，揭露了封建大家庭的荒淫無恥與腐朽墮落，尤其是以兩個少女淑英、惠不同遭遇的描寫，鼓吹了淑英反抗包辦婚姻、逃出這個黑暗王國的叛逆精神。不過，如覺慧那樣衝出家庭的巴金，在社會上屢遭挫折，信仰日衰，再加上當時民族矛盾已成爲人們關注的焦點，因此，《春》不僅缺少了《家》中那種酣暢淋漓、義無反顧的氣勢，而且讀者的反響也大不如前。這實在是對此抱以厚望、有意爲之的巴金所始料不及的。

三、大師魯迅

在巴金的生活經歷中，儘管他與現代文學大師魯迅的文往次數不多，然而他對魯迅的崇敬與感激之情，卻是同時代其他作家很難比擬的。

巴金最初對魯迅的崇敬，是二五年到北平投考北京大學的期間。當時《吶喊》曾給了在孤寂、絕望、疾病之中的巴金以很大的鼓勵。從此後，巴金便把魯迅作爲中國現代文學的旗手，自覺地圍聚在魯迅的大旗之下。

他們之間的第一次見面，是在一九三三年上海文學社舉辦的宴會會上，在《魯迅先生就是這樣一個人》的回憶文章中，巴金詳細地記敘了這次見面的情景。

我第一次看見魯迅先生是在文學社的宴會上，那天到的客人不多，除魯迅先生外，還有茅盾先生和葉聖陶先生幾位。茅盾先生我以前也不曾見過。我記得那天我正在跟茅盾先生談話，忽然飯館小房間的門帘一動。魯迅先生進來了，瘦小的身材，濃黑的唇髭和眉毛……

在席上，魯迅是大家注目的焦點。他從《文學》雜誌的內容一直談到幫閒文化的醜態，說話親切自然，幽默風趣。他說林語堂憑深厚的英語功底，與其寫那些不關痛癢的《論語》式文章，倒不如翻譯點美國文學作品更有意義。聽著魯迅的話，巴金眞沒想到這位「有筆如刀」的大作家竟是這樣一個善良、平易、容易接近的瘦小老人。

此後，巴金與魯迅的接觸多了起來，但不過也只限於飯席上的交談。魯迅的住處，巴金一直沒有去拜訪過。三四年十六日，文學社的黎烈文、傅東華等在上海的南京飯店爲即將赴日的巴金餞行，魯迅和茅盾都參加了。在當日的《魯迅日記》中也記著：「夜公餞巴金於南京路飯店，與保宗同去，全席八人。」由於魯迅早年在日本留學，對日本的情況比較了解，而這一次又是專門爲巴金送行，因而席中魯迅與巴金的談話很多。他「好像很高興。他對我談了些日本的風俗人情，也講了一、二個中國留學生在日本由於語言不通鬧過的笑話。」④眞正使巴金終身難忘的，是魯迅在那篇著名的〈答徐懋庸並關於抗日統一戰線問題〉一文中對巴金的關心和呵護。

一九三六年，圍繞著「國防文學」和「民族革命戰爭的大衆文學」這兩個口號，文藝界進行了一場聲勢浩大的、頗有一點宗派情緒的論爭。當時作爲「左翼」行政書記的徐懋庸，擅自給魯迅寫信，堅持其關門主義的思想，並以巴金爲安那其主義者爲名，企圖將巴金排斥於抗日統一戰線以外。針對徐懋庸的言論，魯迅在病中寫成上述那篇著名長文，並在夫人許廣平抄好的底稿上，特意加了一段關於巴金的評價：

巴金是一個有熱情的有進步思想的作家，在屈指可數的好作家之列的作家，他固然有「安那其主義者」之稱，但他並沒有反對我們的運動，還曾經列名於文藝工作者聯名的戰鬥的宣言。……這樣的譯者和作家要來參加抗日的統一戰線，我們是歡迎的，……難道連西班牙的「安那其」的破壞革命，也要巴金負責？

魯迅將這封信交由孟十還主編的《作家》發表。孟十還首先通知了巴金。在印刷所，巴金看到了魯迅先生添加上去的這一段評價，感激與知己之情猶然而生，深爲魯迅先生的錚錚硬骨和仗義直言的品格所感動。他更加敬佩魯迅，也更加看不起慣於投機鑽營的徐懋庸。在

〈答徐懋庸並談西班牙的聯合戰線〉等文中，巴金一方面駁斥了徐懋庸對自己的攻擊，另一方面也為他所推崇的，在西班牙戰場上英勇戰鬥的安那其戰士致以同志式的敬意。

十月十八日，也就是魯迅先生去世的前一天，巴金的朋友曹禺想見一見魯迅。巴金經與魯迅聯繫後，魯迅答應第二天在自己家中見他們。然而，當巴金和曹禺上午八時到上海四川北路大陸新邨九號魯迅寓所訪問時，魯迅先生已於清晨與世長辭了。

巴金強忍著悲痛，在胡風的安排下，與靳以、黃源、蕭軍、黎烈文等人組織成治喪辦事處。二十一日晚，巴金獨自一人在萬國殯儀館為魯迅先生守靈。望著魯迅先生的遺容，想起前不久魯迅先生在〈答徐懋庸並關於統一戰線問題〉中對自己的辯護與支持，巴金的眼睛濕潤了：

> 我控制不住自己的眼淚，我像立誓似地對著那慈祥的面顏說：「你像一個普照一切的太陽，連我這渺小的青年也受到你的光輝，你像一顆永不殞落的巨星，在暗夜裡我也見到你的光芒。中國青年不會辜負你的愛和你的期望，我也不應當。你會活下去，活在我們的心裡，活在中國青年的心裡，活在全中國人的心裡。」⑤

二十二日，魯迅的遺體安葬時，巴金與胡風、張天翼、姚克、黃源等青年作家抬著靈柩，前往萬國公墓。在十一月出版的《文季月刊》上，作為主編的巴金還特地增設《哀悼魯迅先生特輯》，對這位中國傑出的文化戰士，傾注了強烈的感情。他認爲魯迅的作品，完全可以列入世界不朽的名作之林。

巴金與魯迅的交往，總括起來看，眞可謂是緣淺情深。

四、為抗戰吶喊

一九三七年抗日戰爭的爆發，不僅是對民族的考驗，而且也是對個人正義感與愛國心的檢閱。一向自稱信仰安那其主義的巴金，在這場血與火的民族危難中，顯示出他的正直品性與愛國熱情。

在一九三六年十一月日軍進犯我國綏遠之際，巴金義憤填膺，與《文季月刊》的另一負責人靳以商量後，決定以文季社義捐款五十大洋，委托北平的《大公報》主筆收轉。其原信如下：「主筆先生，茲奉上大洋五十，這是我們由《文季月刊》編輯費項下撙節下來的，請轉寄綏遠前線爲中華民族生存的將士。此致《大公報》館，文季月刊社敬君。」

一九三七年六月，由日、德合作拍攝的影片《新土》（又譯《新地》）在上海等地放映，該影片胡言中國東北是大和民族的新土，要日本向這塊新土進發。這引起全國人民和文藝界的一片反抗之聲。巴金與文藝界著名人士茅盾、夏衍、林淡秋、光未然、周揚、葉以群等一百四十餘人聯合鑒名，在上海《大晚報》發表《反對〈新地〉辱華片宣言》，認爲它的放映是對中國人民的示威和侮辱，要求電影公司向中國政府和中國人民公開表示歉意。由於全國人民的一致反對，該片被迫停映。

不過，中國人民的反對並沒有能扼制日本侵略者的戰爭野心。一個多月後，即一九三七年八月十三日，日軍大舉進攻上海，企圖迅速佔領後直取當時的國民政府首都南京。面對日寇在上海的瘋狂殘殺，巴金心中湧起難以控制的憤怒：

> 那一天，我曾經隔著河望過對岸的火景，我像在看燃燒的羅馬城。房屋成了灰燼，生命遭受摧殘。土地遭著蹂躪。在我的眼前沸騰著一片火海，……燃燒的大地是我居住的地方；受難的人是我的同胞，我的弟兄；被摧殘的是我的希望，我的理想。這一個民族的理想正受著熬煎。……我覺得有一把刀割著我的心，我想起一位西方哲人的名言：「這樣的幾分鐘會激起十年的憎恨，一生的復仇。」我咬緊牙齒在心裡發誓：我們有一天一定要昂著頭回到這地方來。我們要在火場上闢出美麗的花園。

就在這一天的下午，巴金與茅盾、馮雪峰在一起，緊急磋商創辦一個適應抗戰需要的刊物。巴金著急地對兩位說：「抗戰開始，但文藝陣地上卻反而出現一片空白！這種情形無論如何不能讓它出現，否則我們這些人一定會被後人唾罵的！」⑥當時，馮雪峰提議，以《文叢》（《文季月刊》於一九三七年一月被當局查禁後，巴金與靳以隨即創辦的刊物），與《中流》、《譯文》和《文叢》四個刊物的同人名義，自籌資金來創辦了一個新的刊物。茅盾則建議，國難當頭，寫稿不付稿酬，一切全是義務。巴金欣然贊同。初名爲《吶喊》。

十二天後，即八月二十五日，巴金與茅盾等人自籌資金創辦的《吶喊》周刊問世，以文學社、中流社、文季社、譯文社合編的名義署名。在該刊啓事中，抗戰熱情可見一斑：「四社同人當此非常時期，思渴棉薄，爲我前方忠勇之將士，後方義憤民衆，奮其禿筆，吶喊助感。」

《吶喊》周刊出版兩期後，得到國民黨政府內政部中宣會正式批文，改名爲《烽火》——在這戰火連天的時刻，僅僅是吶喊是不夠的，應該在全國人民心中燃起復仇的火焰。署名仍爲四社合編，並確定編輯人茅盾，發行人巴金。

應該說，巴金對《烽火》周刊的貢獻是最大的。因爲茅盾不久便離開上海去了香港，主要由巴金負責編輯出版這本三十二開的抗戰刊物。常常是在敵機轟炸聲中，巴金親自跑印刷廠，改稿件，看校樣，使每期刊物都能如期出版。另外環繞著《烽火》周刊，巴金還編輯了《烽火文叢》、《烽火小叢書》，最大限度地增強宣傳抗戰的力度。這位以往似乎漠視國家、政權、黨派的安那其主義者，現在已成爲一位異常勇敢與堅定的民族鬥士。

他還提筆給那位曾在日本給予他很多幫助的友人武田先生寫信，用日軍在上海閘北縱火，焚燒中國平民房屋，屠殺無辜中國百姓的事實，試圖喚醒武田等日本友人的良知，希望他們勸告自己的國民不要再做征服中國的痴夢了。單用武力不僅不能征服一個民族，而且只會加速自身的滅亡。

一九三八年五月，由於上海已成爲「孤島」，《烽火》在經歷了短暫的停刊以後，遷往廣州繼續出版，並增加篇幅，改爲旬刊。儘管在刊物署名上，有茅盾爲發行人、巴金爲主編的字樣，但事實上是由巴金一人負責編輯這份《烽火》旬刊。茅盾的主要精力是在主編另外的《文化陣地》等刊物。

在廣州所編《烽火》第十八期的「巷頭語」上，巴金表露了這樣的心態：

> 我可以坦白地告訴你，就在炸彈和機關槍的不斷的威脅中我還看見未來的黎明的曙光。我相信這黎明的新時代一定會到來的。我們在這抗戰中的巨大犧牲便是建造新的巨廈的基石。……所有的人都能爲了一個偉大的目標犧牲，這目標會把中國拯救的。

在這場神聖的抗戰中，巴金沒有退縮，他站在了文藝戰場的最前沿。

五、戀人出現

在一九三六年，我們的傳主巴金有了一個——也是唯一的一個戀人。這年巴金三十二歲。對於擅長文學創作、激情澎湃的作家來說，這未免來得有些遲了些，並讓有些人覺得過於單調。但這是巴金的事實，寫稿者是無法杜撰的。

曾經有人傳說巴金十六歲在四川老家時，曾與家中女婢中的一位少女產生過愛情。在一九三六年三月的北京《晨報》上，曾經刊登一篇署名北碧的文章，說道：「巴金十六歲的時候，曾熱戀過一個作女佣的少女。」但這僅見於別人的猜測，並沒有得到巴金的認同。巴金一而再地對訪問者說起，他根本不知道與女佣戀愛的事情，別人的猜測主要是因為《家》中有覺慧與侍女鳴鳳的戀愛描寫。

既然巴金斷然否認，那麼現在一九三六年出現的這位陳蘊珍（蕭珊），便定然是他的眞正戀人。

不過，在描述這段珊珊來遲的戀曲之前，我們還是想先介紹一下這時巴金在信仰與主義方面的變化。否則，讀者可能會問：一向高唱為信仰獻身的巴金，這時為什麼也不能免俗地戀愛起來了？

細心的讀者肯定還記得，巴金在四川成都時曾信奉過劉師復制定的「心社」十二戒律，其中第六條即為「不婚姻」。在一九三〇年二月，大哥堯枚曾勸他安心下來，考慮一下個人問題，但是當時的巴金毫不猶豫地回絕了：「我對生活不感興趣。」⑦即使在一九三五年寫作《愛情三部曲》總序時，他還被朋友們戲稱爲「反對戀愛的三人團」，對因結婚而疏遠了理想與信念的朋友，他表示出深深的不滿。

然而，長時間的孤身奮鬥，尤其是他把信仰與創作對接，在並不太滿意的文學創作中過量地消耗著他的青春，他爲此感到迷惘與疲倦。他的日本之行，正是打算換換空氣梳理一下自己的頭緒。不過，異域的感覺只是給他上了一堂非常精彩的愛國主義教育課。他不僅沒有能堅定安那其的信仰，反而這種信仰逐漸向民族主義方面融合了。回國後，繁忙的文字編輯與創作活動，國難當頭的時代氛圍，都更加促使著巴金沉穩下來，讓雲端的理想停留在平凡的現實之上。在這樣的背景下，巴金終於有可能也像他所譏諷的年青朋友一樣，給愛情留下了一塊算不上遼闊的空間。

這位打動了巴金心靈的少女，她的芳容是這樣的：

> 你穿著工裝褲俯身在草地上，這是在上海一個有名的公園裡，你支起胳膊，全然一副頑皮的樣子，臉上一對酒窩，還是我們那個時代中學生的打扮，額前梳著瀏海，頭髮蓋住耳朵，頭上還有一隻蝴蝶結……⑧

蕭珊比巴金小十三歲，剛滿虛歲二十。她老家浙江寧波，現在上海愛國女中讀高中。她極其欣賞巴金的創作，深深地爲《家》中的人物命運與流暢的文字所打動。她提筆給巴金寫信，訴說自己思想的追求與苦悶。按照巴金幾乎有信必覆的習慣，他回信與她討論社會生活中的種種問題。不久，他們在上海新雅飯店第一次見面。巴金發現這位有著兩顆圓圓的漆黑眼珠的少女，竟是那樣的熱情與可愛。這之後，他們信件往還與當面交往的次數，便逐漸密切起來了。

蕭珊是學校的活躍分子。有一次她與愛國女中的學生會主席陶肅瓊一起，邀請巴金與靳以到學校去演講。一向不善言辭、不願演講的巴金，這次竟然破例欣然而往，並且生怕自己講得不好，還把口若懸河的劇本作家李健吾一起邀去。那次在台上，巴金見台下坐著黑壓壓一片的人群，漲紅了臉，不知所措。後來有人回憶說，他當時講的第一句話是「我是四川人」。這似乎有些文不對題，不過，此後他與蕭珊之間的戀情正式產生了。

不過，他們之間的愛情沒有一般年青人那樣的纏綿緋測。他們討論得最多的仍是人生、理想與社會的問題。蕭珊嚮往覺慧式的生活，希望早些離開學校、離開家庭，到社會生活中去。但是，這時的巴金卻一本正經，認眞地開導蕭珊要學會忍耐，儼然一位長兄的架勢。他說道：「我只想提醒你，使你把周圍的情形看得更清楚一些。我說過孩子的心就像一隻羽毛剛剛長成的小鳥。在羽毛還未豐滿的時候，一隻小鳥是不能遠走高飛的。天空固然廣闊，但到處躲著凶猛的老鷹，它們具有尖銳的眼睛，和鋒利的嘴爪，準備著捕食一隻迷途的幼禽……不要把一份的希望都付給一時熱情的衝動，決定一個計劃還得靠一副冷靜的頭腦。」⑨

在文學創作中，巴金總是用那支頗富煽動性的筆鼓舞青年人衝出家庭，然而戀愛起來，他卻變得很有責任心，變得很會爲人著想。

這就是他與蕭珊的戀愛，平凡得有些像同志式的交往。直到八年後的一九四四年，他們才在貴陽郊外的「花溪小憩」正式結婚，結束了漫長而動蕩的戀愛生活。

【註釋】

① 巴金：《幾段不恭敬的話》。
② 巴金：《大度與寬容》。
③ 《文季月刊》發刊詞。
④ 巴金：《魯迅先生就是這樣一個人》。
⑤ 巴金：《悼魯迅先生》。
⑥ 茅盾：《烽火連天的日子——回憶錄二十一》，載《新文學史料》一九八三年第四期。
⑦ 見《巴金年譜》（上），頁二二八。
⑧ 楊苡：《夢蕭珊》，載《雪泥集》，頁一〇二。

⑨ 巴金：《給一個孩子》。

第六章　再見了，安那其

一、孤島生活

一九三八年七月，從上海愛國女校高中畢業的蕭珊，來到密佈戰爭陰雲的廣州。巴金在這裡編輯宣傳抗戰的《烽火》旬刊，並負責文化生活出版社廣州分社的出版事務。十月二十日，就在日軍佔領廣州前幾小時，他們乘木船離開廣州，向梧州方向撤退，不久到了桂林。當時曾目睹他們兩人工作與生活情景的田一文先生，曾經這樣回憶道：

在桂林《宇宙風》社，我見到了年輕的蕭珊。巴金向我介紹，蕭珊是他的女友，也是他的作品的一個讀者。她說一口帶寧波音的普通話，穿著樸素，不趨時髦；一件長夾旗袍，外罩一件紅毛線衣……巴金當時在編輯《文叢》創刊號，忙著收稿，校對，跑印刷所，她也幫著處理一些雜事。①

不過，桂林不久也遭到日本飛機的狂轟濫炸，許多事情無法進行。一九三九年春，巴金與蕭珊經金華、溫州，到了成爲孤島的上海。

在上海，巴金仍然住在霞飛路霞飛坊，主要從事文化生活出版社編輯部的工作。他一方面繼續編輯《文學叢刊》，另一方面又新編了小叢書式的《文季叢刊》和《文學小叢書》。張天翼的《同鄉們》、羅淑的《地上的一角》等，都在這時經他的手編輯出版。這種輕便、短小的文學叢書，明顯帶有了抗戰時期文化需求特點。

在孤島，巴金的另一項工作是打算編輯出版《克魯泡特金全集》。對於出版這位無政府主義重要人物的全集，巴金是久懷此心，然而由於工程浩大，每次都未能如願。這次他準備出版克氏的傑作集十本和論文集十本。他將這些計劃進行了分工，分頭約請了譯者，似乎肯定能成功了。不過，這次仍然沒能全部實現，只是出版了巴金根據舊作改譯的《麵包與自由》等四種。這裡面的原因乃是在於經濟上的缺乏和譯者時間上的延遲，給巴金留下了一個不小的遺憾。

巴金這時另一個宏大的計劃是創作《激流三部曲》中的第三部《秋》。這個念頭在戰火紛飛的廣州就萌生了。這次回到上海，本想馬上動筆，但爲了其他事情所耽擱。一九三九年夏，蕭珊離開上海赴昆明西南聯合大學外文系學習。巴金有了一段安靜的時間，他想利用這個時間完成這個宏願。不過，剛剛開始，他的三哥堯林就從天津到上海來了。

提起他的三哥，巴金是滿懷感情。這幾年他在闖蕩、飄泊，一往無前，然而他三哥堯林卻沉重地擔起了大哥堯枚留下的重擔。他在天津南開中學教外語，在寂寞、清貧中度著日子，至今三十六歲還沒有結婚。巴金曾有意將崇拜自己的一位女讀者楊苡介紹他們認識。但是，那位二十不到的活潑的楊苡，在與越來越內向、沉靜的堯林接觸幾次後，卻怎麼也產生不了愛情。這次巴金在上海，便寫信叫他到上海來做點翻譯工作，換一換環境。

中秋節那天，堯林終於意外地出現在他的面前：「有一天下午我在樓上聽見了你的呼聲，我從窗裡伸出頭去，你站在大門前，也正仰起頭來看我。是那樣一張黑瘦的面孔！我差一點不認識你了。」②與巴金喜歡寫信相反，堯林懶得寫信。這次來上海，事先竟然也沒有給巴金來信。

在上海，兄弟倆住在一起，巴金著手寫長篇小說《秋》，堯林開始翻譯。在巴金眼中，彷彿又回到了十幾年前兄弟倆在南京讀書時的日子。「我住三樓，他住在三樓亭子間。我們已經開始了《秋》，他是第一個讀者，我每寫成一章就讓他先看並給我提意見。不久他著手翻譯俄國網查羅夫的小說《懸崖》……所根據的英、法文譯本都是我拿給他的。……一個星期裡我們總要一起去三四次電影院，也從不放過工部局樂隊星期日演奏會。我們也喜歡同逛舊書店。我同他談得很多，可是很少接觸到他的內心深處。」③

也許是三哥堯林喚醒了巴金對成都老家的回憶吧？這次巴金寫《秋》非常認眞，從一九三九年十月開始，到第二年的五月結束，共四十多萬字，一氣呵成，成爲他創作中最長的一部小說。他每晚從九點鐘開始，一直寫到深夜三、四點鐘才上床睡覺。他曾給一位朋友寫信說：「我昨晚寫《秋》寫哭了……這本書把我苦夠了，我至少會因此少活一兩歲。」④支撐著巴金努力寫下去的精神支柱，一是德國詩人海涅的詩句「祖國不會滅亡」，另一是溫暖的友情。在民族危亡的時刻，正是這兩根支柱使得巴金沉下心來，繼續描寫高公館這個黑暗王國中的種種醜惡、專橫、腐敗的罪惡故事。

據巴金說，他本來給《秋》預定了一個灰色的結局，想用覺新的自殺和覺民的被捕來做收場。但是，牽繫住他的心的無數純潔的年青心靈，使他最後決定給作品增加一點溫暖。巴金祝福他們，並願意高公館裡的青年都記住琴的話：「並沒有一個永久的秋天。秋天過了，春天就會來的。」

一九四〇年七月，日軍將要進佔租界的風聲四起。月底，巴金便乘海輪匆匆離開上海，前往蕭珊讀書的昆明，從而結束了這段一年半的孤島生活。而三哥堯林，則繼續留在上海。

二、重回故鄉

在昆明，巴金並沒有沉浸於卿卿我我的戀愛之中。他結束了時斷時續的宣傳抗戰的長篇小說《火》第一部的創作，並開始翻譯俄國作家屠格涅夫的小說《處女地》。三個月後，他便乘飛機離開昆明，到了當時大後方的文化中心重慶，住在沙坪壩友人吳朗西夫婦辦的互生書店裡。

這是巴金自一九二三年離家後的第一次入川。那年，他與三哥堯林乘木船由成都經瀘縣到重慶，從此浪跡天下。而現在，他又回到了這塊既恨又愛的土地上了。十一月中旬，他從重慶乘船到江安縣戲劇專科學校訪曹禺，途經瀘縣，遂上岸觀光。「這是我第二次踏上瀘縣的土地，第一次還是在十七年前。那時我不過是十八九歲的少年，懷著一顆年輕的純白的心。現在我重睹這個可愛的土地，我的心上已經蓋滿了人世的創傷，我不能說十七、八年的奮鬥給我帶來了什麼結果。不過我走進瀘縣的街市，仍然只是這個輕鬆的身子，我的兩手並不曾染過一滴別人的血。」⑤當年他只是一位被理想所激勵著的少年，而現在已是名滿全國的著名作家。不過，他並沒有違背自己的誓言，他對得起自己的良心。

四一年一月，巴金終於回到了成都老家。

這是他度過童年和少年的地方。有他慈愛的父、母的祖墳，有他永不能磨滅的記憶，甚至在上海創作《秋》時，他每晚睡覺時總要臉朝著故鄉的西南方向。然而，物是人非，現今的老屋已不是當年的李公館，而變成了保安處長劉兆藜的住所。他走過那條正通順街時，一股強烈的親切感和滄桑感湧上心頭：

　　我走過我離開了十八年的故居。街道的面貌有了改變，房屋的面貌也有了改變。但是它們在我的眼裡仍然十分親切。我認識它們，就像見到舊友故知一樣。石板道變成了馬路，巍峨的門牆趕走了那一對背脊光滑的石獅子，包鐵皮、釘銅釘的門檻也給人鋸掉了。我再也找不到矮矮的台階下，門前路旁那兩個盛水的長方型大石缸。⑥

　　舊時的伴侶不知道都消失在什麼地方了，守門的衛兵用懷疑的眼光打量著這位來訪者。巴金的心中不免有恍然隔世之感。他沒有到那個已屬他姓所有的公館去看一下，只是默默地在這個熟悉的街道上佇立了好長一會兒。他見到了繼母、嫂嫂，以及大哥堯枚留下來的五個小孩。他也讀到了祖父臨終前的遺囑：盼望後人守住舊宅和書畫。巴金對此都不免觸景傷情，感慨良多。

　　最使巴金震動的，是五叔李道沛在獄中病死。

　　五叔是巴金第二個祖母唯一的孩子，清秀、聰明，深得祖父寵愛。然而過份的溺愛，使得他成年後吃、喝、嫖、賭，無所不精。他先是騙祖父和妻子的錢，然後發展爲出名的小偷，被妻子和小孩趕出家門。最後被治安當局關進監獄，就在巴金回成都後的幾天病死獄中。對於五叔的結局，巴金是早就料到的。不過，當他眞的面對著這樣一位曾經在一起生活過多年的五叔的慘劇時，他不能不怦然心動了。他覺得《激流三部曲》還不應該結束，還需要一個更爲嚴寒的《冬》。這個構思，在三年後正式以《憩園》的名義完成，成爲《激流三部曲》的續編。然而不同的，巴金在《憩園》中並沒有更爲嚴厲的批判，而是帶有了幾分懷舊的感情，「無意間露出幾分婉惜。」⑦這倒是巴金始料未及的。

在成都，巴金還多次與故友施居甫、吳先憂等見面，回憶起十八年前在成都編輯《半月》時那些值得懷念的日子。那種「美麗精神」，至今還使巴金受到鼓舞。臨別前幾天，巴金還專程去掃女作家羅淑墓，並擬收集出版她的第三本散文、小說集《魚兒坳》。

這次在成都共呆了五十天。告別時，家人送到門口，一個叔父和一個堂兄弟到車站送行。「在這個我永遠不忘記的城市裡，我度過了五十個傍晚……我高興地來，痛苦地去。汽車離站時我的確充滿了留戀……我很高興，自己又一次離開了狹小的家，走向廣大的世界中去！」⑧

四二年四月，巴金又第二次回到成都。這次住的時間比較長，有二、三個月。後來，在一九四九年之前，他再也沒有回過成都。

三、遲來的婚禮

一九四四年五月八日，巴金與蕭珊在貴陽郊外的「花溪小憩」正式結婚。這年巴金虛歲四十一歲，蕭珊二十八歲。從當時的婚俗來講，這樣的年齡應該是晚了些。而且，巴金與蕭珊早在三六年就相知相戀。那麼，爲什麼他們的婚禮要拖至整整八年後的今天才舉行呢？

這裡面的原因應該有蕭珊年齡偏小的緣故。當時她與巴金相識時還只是一個在讀的高中生，後來高中畢業後又進入大學。在學期間自然不適宜結婚。不過，更重要的原因可能還於巴金對戀愛、婚姻的獨特看法。

他曾一度反對戀愛。儘管歲月的磨難使他的理想更帶有現實的成份，不過，他仍堅時反對愛情至上主義。他在給讀者的一封信中這樣認爲：「不要過分討厭或害怕戀愛」，而是應該「任感情自然發展，同時用點理智去引導它（就是說不要糊塗）」，認爲青年人應該趁年輕多讀點書，至於愛情，「只要不做一個戀愛至上主義者便行了。」⑨這很可代表這時巴金對戀愛的理解。他們從上海到廣州，到桂林，到昆明，時分時合，時聚時散，經常是半年、一年不曾會面。這種長達八年的戀愛方式，正是巴金戀愛觀的具體體現。

結婚那天，他們沒有舉行任何儀式，也不曾辦過一桌酒席，只是在離開桂林到貴陽前，曾委托他弟弟李濟生印發了一份旅行結婚的通知。至於那個名字聽起來似乎相當華貴與高雅的「花溪小憩」，其實也只是建在貴陽市郊外山上的一個對外營業的招待所。沒有樓，沒有食堂，連吃早點也得走半個小時到鎮上的飯館裡去。

不過，它的好處是安靜，沒有都市的喧嘩，也不必手忙腳亂地去應酬。他們靜靜地談論著生活，談論著未來：

我們結婚那天的晚上，在鎮上小飯館裡要了一份清炖鷄和兩樣小菜，我們兩個在暗淡的燈光下從容地夾菜、碰杯、吃完晚飯，散著步回到賓館。賓館裡，我們在一盞清油燈的微光下談著過去的事情和未來的日子。我們當時的打算是這樣：蕭珊去四川旅行，我回桂林繼續寫作，並安排我們婚後的生活。我們談著，談著，感到寧靜的幸福。四周沒有一聲人語，但是溪水流得很急，整夜都是水聲，聲音大而且單調。那個時候我對生活並沒有什麼要求。我只是感覺到自己有不少的精力和感情，需要把它們消耗。我準備寫幾部長篇或中篇小說。⑩

這是世俗生活中凡人少有的境界。結婚後三天，他們離開花溪，又到貴陽市住了兩三天。接著，便送蕭珊去四川重慶，自己則暫時留下來治病。所謂婚禮，就在這短短五、六天中結束了。

巴金這次的病，其實並不是怎麼嚴重與緊迫。他住在貴陽中央醫院第三病室，十幾天中做了兩次手術，一是矯正鼻中隔，二是開水囊腫。沒有親友陪伴，他一個人靜靜地躺在病床上觀察周圍發生的一切。後來，他根據這次住院的經歷，寫成中篇小說《第四病室》。

六月，或許是蕭珊感到缺乏一個人們常常稱羨的密月生活吧，她兩次來信叫巴金回四川。巴金遂改變了到桂林進行創作的打算，準備動身去重慶。臨別貴陽時，巴金曾重返「花溪小憩」，在那裡住了兩天。「我在寂寞的公園裡找尋我和蕭珊的足跡，站在溪畔欄杆前望著急流去的水。」⑪巴金並不無情。他非常珍惜與蕭珊之間的那種純潔美好的感情。

七月上旬，巴金到了重慶，任重慶文化生活出版社總編輯。他與蕭珊住在民國路二十一號，即文化生活出版社門市部樓梯下的一間僅七、八平方米的小院中。裡面有一張床，一隻小條桌，蕭珊又托人買了四隻玻璃杯。這就算是他們的新房了。在渝的朋友靳以、馬宗融、馮雪峰等人，聽說巴金新婚，都紛紛跑來祝賀。這一間小屋子，頓時顯得熱熱鬧鬧，充滿生機。

按照中國傳統的習俗，新郎新娘還須回老家拜見長輩。巴金因爲工作忙碌抽不出身，只是蕭珊一個人回到成都。她住在巴金繼母家中。繼母對這位新過門的、在外面見過世面的媳婦，自是喜歡異常。她像對待自己女兒似的，熱情地關心與招待蕭珊。而蕭珊，也對婆婆非常敬重與孝順。

四、《寒夜》

就在蕭珊去成都探望親友期間，巴金開始了最後一部長篇小說《寒夜》的創作。連年戰爭，帶給普通百姓的是無盡的苦難。在抗戰期間，巴金的好友王魯彥、林憾廬、陳范予等人，在貧病交加之中，一個個地死去了。他們都曾有過遠大的理想，然而動亂的時局使他們喪失了發揮才能的機會。巴金為他們不平，為他們感到難過。他決定在《寒夜》中記載下他們的痛苦與悲哀。

就在巴金剛剛動筆，又傳來了另一位好友繆崇群病逝的消息。繆崇群是現代文學中的散文家，與巴金有著相當深厚的友誼。抗戰後，他為了生活，在正中書局當個小小的校對，有時也做些編輯工作，收入極為微薄。他長期患著肺病，然而又無錢醫治，一九四五年一月孤零零地病死在醫院裡。這一慘劇，深深地刺激了巴金的神經。他下決心將剛剛開頭的《寒夜》寫下去，為這些屈死的朋友發出強烈的控訴與吶喊。

小說的背景，就是巴金與蕭珊住過的重慶文化生活出版社那幢三層的大樓，主人公汪文宣、曾樹生、汪母就在這裡出出進進。巴金當時寫作的感覺是：

我寫得很順利，好像在信筆直書，替一個朋友寫傳記一樣；好像在寫關於那一對夫婦的回憶錄一樣。我彷彿跟著那一家在一塊兒生活，每天都要經過狹長的甬道走上三樓，到他們房裡坐一會兒，安安靜靜地坐在一個角上聽他們談話、發牢騷、吵架、和解；我彷彿天天都有機會送汪文宣上班，和曾樹生同路走到銀行，陪老太太到菜場買菜……⑫

開頭，巴金還只是較客觀地描寫這一小職員家庭在戰時陪都的生活情況，然而寫著寫著，他越來越爲人物所感動。他覺得這三個人都是好人，都是黑暗年代的犧牲品，都值得同情與理解：

他們三個人都是我的朋友。我聽夠了他們的爭吵。我看到每個人的缺點，我了解他們爭吵的原因，我知道他們每個人都邁著大步朝一個不幸的結局走去，我也向每個人進過忠告。我批評過他們，但是我同情他們，同情他們每個人。我對他們發生了感情。我寫到汪文宣斷氣，我心裡非常難過，我眞想大叫幾聲，吐盡我滿腹的怨憤。我寫到曾樹生孤零零地走在陰暗的街上，我眞想拉住她，勸她不要再往前走，免得她有一天會掉進深淵裡去。但是我沒法改變他們的結局，所以我爲他們的不幸感到痛苦。⑬

如果說《家》是巴金對封建家庭的腐敗、醜惡有了爛熟於心的思考以後，進行的一次痛快淋漓的激情抒發，那麼這本《寒夜》，則是巴金在進入社會以後，嘗遍了人世間的辛酸而進行的一次沉鬱、悲傷的心靈絮語。它們都是眞情實感的產物。其藝術上的巨大成功，也正緣於此。

不過，《寒夜》的寫作其實並不順利。動蕩的時局，使他時寫時停。四五年十一月，留在上海的三哥堯林病重。巴金獨自趕到上海，連忙托人聯繫住院。然而這位長期與他相依如命的三哥，由於沒錢治病而拖遲了時間，於同月二十二日病逝。在三哥的遺體旁，他感到一種天塌地陷般的震憾。「我輕輕地喚一聲三哥，我沒有流一滴眼淚，卻覺得有許多根針在刺我的心。」⑭一個月後，巴金的女兒生於重慶寬仁醫院。爲了紀念三哥，巴金給剛出世的女兒起名小林。按李家排慣例，小林這一輩是「國」字輩。巴金覺得當時「國事之糟」，故又取名國煩。

四六年五月，巴金攜蕭珊、小林來到上海，仍住在霞飛路霞飛坊五十九號三樓三哥先前住過的地方。除擔任上海文化生活出版社的義務總編輯兼校對外，又接續了《寒夜》的寫作。儘管這裡已遠離了陪都那幢三層樓房，然而那搖晃的電石燈，淒涼的人影，街頭的小攤，人們的訴苦，都一一在他的眼前顯現。特別是，這時他還想到了他的三哥堯林。「他也患肺病，不過他大概死於身心衰竭，不像汪文宣死得那樣痛苦。」「但是生活虧待了他，把他的銳氣和豪氣磨得乾乾淨淨。」⑮在汪文宣的身上，不知不覺地塗抹上了三哥的影子。

十二月三十一日深夜，巴金終於寫完了這部耗時兩年的後期重要代表作《寒夜》。在這萬籟俱寂的寒夜中，他眞切體會到現實的殘酷與無情，他有些悲哀、絕望。在小說的最後一句中他寫道：「夜，的確太冷了！」

五、夢醒時分

在寫《寒夜》時，巴金常常禁不住地想到自己可能會走上汪文宣的道路。他說：「寫《寒夜》的時候我經常想：要不是我過去寫了那一大堆小說，那麼從桂林逃出來，到書店做個校對，萬一原來患過的肺病復發，我一定會落到汪文宣的下場。」又說：「我要不是在法國開始寫了小說，我可能走上汪文宣的道路，會得到他那樣的結局。」⑯

這就是那個一往無前衝出夔門的巴金嚒？這就是那個一直聲言願天下人都有房住、都有麵包吃的安那其主義者的巴金嚒？過去的豪情、理想、希望都到哪裡去了呢？還記得自己在法國立誓獻身的那一刻嚒？還記得精神上的母親高德曼的福音嗎？……一切都似乎出於無奈，然而轉變卻眞的發生了。

不過，作爲理想主義者的巴金，即使轉變也自有他的特點。

他覺得「一個人應該有幻想，幻想不但鼓舞人上進，還可以安慰人心靈。可是單靠幻想生活，那會發生種種悲觀思想，因爲現實與幻想差得太遠，永遠無法叫人滿足。」⑰因此，他在這時尊重地宣稱：「我喜歡羅曼．羅蘭的一句話，痛苦和戰鬥這是支持宇宙的兩根支柱。」⑱與他早年信奉的安那其理論相比，絢麗的理想已經被痛苦和戰鬥所取代了。

不過這時的巴金，也還沒有對無政府主義徹底絕望。或許痛苦和戰鬥這兩根支柱正是通向無政府主義社會的橋樑吧？他在四七年還這樣說道：

我喜歡羅曼．羅蘭的早期作品，比方他所著的《約翰．克利斯朵夫》三部傳記，大革命戲劇。他的英雄主義給我很大的影響。當我苦悶的時候，在他的書中我常常可以尋到快慰和鼓舞，他使我更好地明白了貝多芬的痛苦與快樂……我從他的作品中吸取勇氣，但不是他對我的影響最大，而是愛瑪．高德曼……⑲

還是愛瑪．高德曼！巴金並不願意輕易放棄安那其的理想，而是試圖作著最後的努力。他在這時繼續翻譯俄國虛無黨人微娜．妃格念爾的《獄中二十年》，翻譯克魯泡特金的《社會變革與經濟的改造》，發表《巴枯寧二三事——巴枯寧的一個片斷》，還試圖通過捐款的方式，刊行克魯泡特金的全部譯著，以了結他未竟的心願。

然而這一切都已經是強弩之末。在動蕩不安、物價飛漲的現實面前，他也學會了到市場去買賣銀元。當稿費的支票到手時，他不得不匆忙地趕到銀行兌現，然後抱著一大捆不值錢的鈔票，到市場去換成銀元。這是什麼生活呢？美麗的安那其能夠在這現實中出現嚒？

還有糟糕的是，當時一群為理想而團結起來的文化生活出版社也出現了裂痕。巴金從三五年開始直到現在，十幾年中一直為文化生活出版社的發展盡著最大的努。可是當年也曾為理想所激蕩的吳朗西夫婦，在現實面前變得越來越世俗、現實。巴金興味索然、黯然傷神：

我對書店的興趣差得多了，我實在羞與朗西夫婦為伍。⑳

其實，不僅是對書店的興趣減少了，他的創作也自從《寒夜》以後幾乎停頓下來。夜，實在是太冷了。他變得懶於創作，從前那種不分晝夜的創作熱情已經離他而去。

夢醒時分。當他在法國時為理想所磨而拿起筆時，他有說不完的話語，而現在，即使說再多的話，他也拯救不了他的大哥、三哥，以及整個的芸芸衆生。他是平凡的，並沒有普渡衆生的能力。他變得沉默起來。

不過，他的創作在經歷了從感情的激蕩到平穩以後，也已走完了一個周期。一個傑出的作家已經不可動搖地屹立在中國現代文學史上。

這，對巴金來說，是喜還是悲？

【註　釋】

①田一文：《我憶巴金》，頁一〇七。
②巴金：《紀念我的哥哥》。
③巴金：《我的哥哥李堯林》。
④巴金：《〈秋〉序》。
⑤巴金：《在瀘縣》。
⑥巴金：《談〈憩園〉》。
⑦同上。
⑧巴金：《愛爾克的燈光》。
⑨巴金：《致靜如》（書信）。
⑩巴金：《關於〈第四病室〉》。
⑪同上。
⑫巴金：《談〈寒夜〉》。
⑬同上。
⑭同註③。
⑮同註③。

⑯ 巴金：《關於〈寒夜〉》。

⑰ 巴金：《致楊苡》（書信）。

⑱ 載一九四八年十二月二十九日上海《大公報·大公園》「作家手跡」欄，署名芾甘。

⑲ 〔法〕明興禮：《巴金的生活和創作》，載引自《巴金年譜》（上），頁六六八。

⑳ 巴金：《致田一文》（書信）。

後記

寫到這裡，我就打算結束這本《巴金傳》的寫作了。儘管在《寒夜》以後，巴金還寫作了一些作品，甚至在「四人幫」粉碎之後，還寫出了被讀者稱爲「說眞話的大書」——散文集《隨想錄》。不過，到《寒夜》爲止，巴金的思想已經經歷了一個完整的周期，他的創作也已經走過了高峰時期。當他失去了信仰，不再將文學作爲他渲洩情感的工具時，他在文學方面竟是那樣的笨拙與缺乏技巧。這似乎有些悲哀。但這確是一直自稱是文學門外漢的巴金的實情。

至於也曾產生重大影響的《隨想錄》，從一個側面也可說明這是他人格與信仰的最後回光返照。他說出了壓抑多年的眞話，也似乎重新回復到他青年時代那種崇尚率性而爲、寬大博愛的人格理想之中。它給巴金的性格發展劃上了一個圓滿的句號。

因此，我的有理由就在這裡打住，結束這本《巴金傳》的寫作。

至於寫作這本《巴金傳》的動因，也想趁此作一簡要的交代。坦率地說，我喜歡巴金的作品。當我還是在十七歲上中學時，就曾被巴金的作品深深地迷住。我的父親是一位中學教師，年青時也是個痴迷的巴金作品愛好者。我對巴金的喜愛，某種意義上可能正是得自於這種遺傳因素。現在父親已經作古，我是在不平靜的心境中寫出這兩代人對巴金的熱愛的。

在這本傳記之前，我曾出版有二十萬字的《包天笑傳》，也還寫有更長篇幅的《魯迅傳》。但是，我最喜歡的卻是這本小小的、僅六萬字的《巴金傳》。因爲，我對巴金有特殊的感情。

願讀者朋友同樣喜歡巴金，以及巴金的作品！

欒梅健　二〇〇〇年十二月于臺北東吳大學